高考日语高分突破

常用高频词汇

大世界教育日语培训中心 ◎ 编

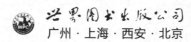

世界图书出版公司

广州·上海·西安·北京

图书在版编目（CIP）数据

高考日语高分突破．常用高频词汇 / 大世界教育日
语培训中心编．—广州：世界图书出版广东有限公司，
2024.2
ISBN 978-7-5232-1145-8

Ⅰ．①高… Ⅱ．①大… Ⅲ．①日语—词汇—高中—升
学参考资料　Ⅳ．①G634.463

中国国家版本馆 CIP 数据核字（2024）第 035291 号

书　　名	高考日语高分突破　常用高频词汇
	GAOKAO RIYU GAOFEN TUPO CHANGYONG GAOPIN CIHUI
编　　者	大世界教育日语培训中心
责任编辑	程　静
装帧设计	书艺歆
责任技编	刘上锦
出版发行	世界图书出版有限公司　世界图书出版广东有限公司
地　　址	广州市新港西路大江冲25号
邮　　编	510300
电　　话	020-84453623　84184026
网　　址	http：//www.gdst.com.cn
邮　　箱	wpc_gdst@163.com
经　　销	各地新华书店
印　　刷	广州市迪桦彩印有限公司
开　　本	787mm×1092mm　1/16
印　　张	13
字　　数	336千字
版　　次	2024年2月第1版　2024年2月第1次印刷
国际书号	ISBN 978-7-5232-1145-8
定　　价	45.00元

前　言

　　近年来，选择日语作为高考外语科目的学生人数逐年增加。为了广大考生能够更好地备考，在高考中取得好成绩，大世界教育日语培训中心以《普通高中日语课程标准》（2020年修订）为指导，在对《普通高等学校招生全国统一考试大纲及考试说明（日语）》和历年高考日语真题进行深入、全面研究的基础上，编写了"高考日语高分突破"系列图书。该系列图书包括基础训练、阅读训练、写作专项、文法专项、听力专项、常用高频词汇等。本书为常用高频词汇分册，旨在帮助单词基础不扎实或薄弱的日语考生，及需要强化单词记忆和训练的日语考生夯实日语基础知识和词汇量，练好日语词汇基本功。

　　本书收录了高考日语考纲范围内的2000多条词汇，汇编成两大部分：一部分是常用高频词汇（按五十音排顺），每个词条选取常用意思进行注释，部分词条列出了同义、同类及关联词语，或附上真题以便考生进行词汇训练和巩固记忆。另一部分是常用高频词汇（按词性汇总），将词条按词性进行汇总，以便于考生归纳知识点，并整体记忆和梳理词汇。

　　本书编者能力所限，书中难免存在疏漏，欢迎专家、读者斧正，今后将不断充实完善。

编　者

2023年12月1日

目 录

第一部分
常用高频词汇（按五十音排顺）

第二部分
常用高频词汇（按词性汇总）

第一部分 常用高频词汇
（按五十音排顺）

说明：

1. 该部分词汇按五十音图顺序排列。平假名在前，片假名在后。

2. 共收录词条2500多条。

3. 不带标识的词条为教育部《普通高等学校全国统一考试日语科考试大纲》所收录的考点词，共1690条；用▲表示的词条为非考点词，共397条。

4. 用◆表示的词条为《普通高等学校全国统一考试日语科考试大纲》中没有收录，但在往年真题中实际出现过的词，共418条。

5. 高考日语每年有两套试卷，即"含听力试卷"和"不含听力试卷"。文字词汇的题目在前一种试卷中出现于"日语知识运用"部分，在后一种试卷中出现于"日语汉字的读音与书写"及"日语知识运用"部分。

6. 关于标志

（1）声调用 ⓪①②③④表示（词组、接头、接尾词未标声调）

（2）词条的表记形式：汉字表记用【 】，外来语表记用（ ）

（3）词性用〈 〉表示

（4）多义词的词义之间用；隔开

（5）关联词、派生词用→表示

（6）同义词、近义词用⇒表示

（7）惯用形、谚语用☞表示

（8）反义词、对应词用⇔表示

（9）同一词条的另外的表记形式用＝表示

あ

ああ ① ◆〈感〉	（表示应答）啊，嗯；（表示感叹）啊，呀
あい ①【愛】◆〈名〉	爱，爱情；爱好，喜好
あいさつ ①【挨拶】〈名・サ変〉	应酬话，寒暄；致敬；致词；回答，回话；打招呼
あいず ①【合図】〈名・サ変〉	信号
あいする ③【愛する】〈サ変〉	爱，爱护；爱恋；爱好，喜爱
あいだ ⓪【間】〈名〉	间，中间；间隔，距离；居中；期间；（人与人）关系
あいて ③【相手】▲〈名〉	伙伴，共事者；对方，对手，敌手；对象
あう ①【会う・逢う】〈自五〉	见面，会见；遇见，碰见
あう ①【合う】〈自五〉	合适，适合，相称；一致，相同，符合；对，准确；合算
あお ①【青】◆〈名〉	青，蓝；绿色信号灯
あおい ②【青い】〈形〉	青的，蓝的，绿的；发青的，苍白的；不成熟的
あかい ⓪【赤い】〈形〉	红的；红色的，革命的
あがる ⓪【上がる】▲〈自五〉	上，登，升；举，抬；提高，长进；升起，飞扬
あかるい ⓪③【明るい】〈形〉	明亮的；明朗的，快活的；有希望的，明朗的；公正的；熟悉的⇔くらい【暗い】
あき ①【秋】〈名〉	秋天，秋季→はる春→なつ夏→ふゆ冬
あきらか ②【明らか】〈形動〉	明显，显然，清楚
あきらめる ④【諦める】〈他下一〉	断念（头），死心
あきる ②【飽きる】▲〈自上一〉	厌倦，厌烦，满足；无聊；……腻了
あく ⓪【開く】〈自五〉	开，打开
あく ⓪【空く】〈自五〉	空出，空，闲
あくしゅ ①【握手】▲〈名・サ変〉	握手
あける ⓪【空ける】◆〈他下一〉	空出，腾出；挖空，穿开
あける ⓪【明ける】〈自下一〉	明，亮；过年；结束，终了

| あげる ⓪【挙げる】◆ 〈他下一〉 | 举例，列举；举行；竭尽，全 |
| あげる ⓪【上げる】〈他下一〉 | 抬起，搬起；提高，增加；完成；给，送 |

【真题】林さん、山田さんが場所が分からないって言っているので、会場までの地図を書いて＿＿＿＿。

A. やっていただきますか　　　　B. いただいてください

C. あげてください　　　　　　D. もらってください

答案　C

解析　「上げる」可用作授受动词，表示"甲给乙"。「書いてあげてください」是"请给他画"的意思。选项A中的「いただく」表示从长辈或者上司那里得到某种恩惠，故选项A是"能否帮我做……"的意思；选项B中的「いただく」后面不能接表示命令的「ください」，故选项B是错误的；选项D中的「もらう」表示"从他人那里得到"，故选项D是"别人为自己做……"的意思。

翻译　林先生，山田先生说他不知道地方，麻烦你给他画一张去会场的地图。

あこがれる ⓪【憧れる】〈自下一〉	憧憬，向往
あさ ①【朝】〈名〉	朝，早晨；早上，上午
あさい ⓪②【浅い】▲〈形〉	浅的；淡的；短浅的⇔深い
あさって ②【明後日】〈名〉	后天→きのう　昨日〔昨天〕→きょう　今日〔今天〕→あした　明日〔明天〕→おととい　一昨日〔前日〕
あざやか ②【鮮やか】▲〈形動〉	鲜明，鲜艳，漂亮；熟练，巧妙，优美
あし ②【足】〈名〉	脚；腿；脚步；交通工具；来，去；速度
あじ ⓪【味】〈名〉	味道；趣味，滋味
あした ③【明日】◆〈名〉	明天＝あす
あじわう ③⓪【味わう】◆〈他五〉	尝，品味；体验，经历
あずかる ③【預かる】〈他五〉	收存，(替他人)保管；担任，处理；承蒙
あずける ③【預ける】〈他下一〉	寄存，寄放；托；委托，托付
あせ ①【汗】〈名〉	汗，汗水；渗出的水分，返潮
あせる ②【焦る】◆〈自五〉	急躁，着急
あそぶ ⓪【遊ぶ】〈自五〉	玩耍，游戏；闲着，闲置不用；消遣
あたえる ⓪【与える】〈他下一〉	给，给予；发出，提出；使蒙受，导致
あたたかい ④【温かい】〈形〉	热的；暖和的，温暖的；热情的；富裕的⇔つめたい〔冷〕

あたためる ④【温める・暖める】▲〈他下一〉	温，热；恢复；酝酿，保留
あたま ③②【頭】〈名〉	头，脑袋；头发；头目 ☞頭が上がらない〔抬不起头〕
あたらしい ④【新しい】〈形〉	新的；新鲜的；时髦的，新颖的 ⇔ふ（古）い〔旧的〕
あたり ①【辺り】〈名〉	附近，周围；大约，上下，左右
あたりまえ ⓪【当たり前】〈名・形動〉	当然，自然；普通，正常
あたる ⓪【あたる】〈自五〉	碰，撞；命中；成功；承担，负责；发脾气；等于
あちこち ②③〈名〉	到处
あっ ①〈感〉	（表示感动或惊讶）啊，呀，哎呀 ☞あっという間に〔一眨眼功夫〕
あつい ⓪【厚い】〈形〉	有厚度的；（人情）深厚的；（待遇）优厚的 ⇔うす（薄）い〔薄的〕
あつい ②【暑い】〈形〉	（天）热的⇔さむ（寒）い〔冷，寒冷〕
あつい ②【熱い】〈形〉	（物体）温度高，烫的；热衷的，热心的 ⇔つめ（冷）たい〔冰的，凉的；冷淡〕
あつまる ③【集まる】〈自五〉	聚集，集合；汇集，集中
あつめる ③【集める】〈他下一〉	集合，召集；收集，汇集；集中
あと ①【後】〈名・副〉	后边；以后，将来；结果；此外；之后 ☞後の祭り〔马后炮〕
あな ②【穴】〈名〉	孔，洞；穴，隐匿处；缺点，漏洞
あなた ②【貴方】◆〈代〉	你，您
あに ①【兄】▲〈名〉	兄，哥哥；姐夫，内兄；哥们 →おとうと弟→あね姉→いもうと妹
あね ⓪【姉】▲〈名〉	姐姐，姊；嫂子
あの ⓪◆〈連体・感〉	那个，那；（表话语的连接）啊，嗯；（表提醒别人注意）请问

【真題】「きみ、3年前、いっしょに修学旅行をしたこと、覚えている？」
「＿＿＿＿＿ときのことなら、よく覚えているよ。」
　　　A. この　　　B. その　　　C. あの　　　D. どの

答案　C

解析　指三年前那样比较久远的时候，而且是双方共知的事项要用「あのとき」。
　　　这四个选项都是连体词。其他三个选项的意思：A这个；B那个；D哪个。

あびせる ⓪【浴びせる】◆〈他下一〉	浇，泼；给予，施加
あびる ⓪【浴びる】〈他上一〉	淋，浴；照，晒；承受，蒙，遭
あぶない ⓪③【危ない】〈形〉	危险的，不安全的；靠不住的，令人担心的
あぶら ⓪【油・脂】〈名〉	油，油脂
あふれる ③【溢れる】▲〈自下一〉	溢出，弥漫；挤满；充满，洋溢
あまい ⓪【甘い】〈形〉	甜；清淡；宽松，姑息，好说话；藐视，小看；钝，软
あまり ③⓪【余り】〈名・副・形動〉	剩余，剩下；余数；（不）太；过分
あめ ①【雨】〈名〉	雨，下雨
あやまり ⓪【誤り】〈名〉	错误
あやまる ③【謝る】〈他五〉	谢罪，道歉，认错
あゆむ ②【歩む】▲〈自五〉	行，走；前进，进展
あらう ⓪【洗う】〈他五〉	洗，清洗；调查，查明
	☞足を洗う〔洗手不干，改邪归正〕
あらそう ③【争う】〈他五〉	争，争夺，竞争；斗争；争吵，争辩
あらためる ④【改める】〈他下一〉	改，改变；修改，革新；改正；检查
あらゆる ③〈連体〉	所有，一切
あらわす ③【現す】〈他五〉	出现；体现
あらわす ③【表す】〈他五〉	表示，表明，表达；显示，显露出
あらわれる ④【現れる】〈自下一〉	显露；出现
あらわれる ④【表れる】◆〈自下一〉	表现出；显现
ありがたい ④【有り難い】▲〈形〉	难得的，少有的，可贵的；感激的；值得庆幸的
ありがとう ②【有り難う】◆〈感〉	谢谢
ある ①【或る】〈連体〉	某
ある ①【有る・在る】〈自五〉	有，存在；位于；具有；有，发生；处于；在，在于
あるいは ②【或いは】▲〈接続・副〉	或者，或是（用于列举同类事项）
あるく ②【歩く】〈自五〉	走，步行
あれ ⓪◆〈代〉	那，那个；那时；那儿，那里

あわせる ③【合わせる】〈他下一〉	合并；相加，合计；混合；使一致，配合
あわてる ⓪【慌てる】〈自下一〉	惊慌，慌张；急忙
あんしん ⓪【安心】〈名・形動・サ変〉	安心，放心
あんぜん ⓪【安全】〈名・形動〉	安全，平安⇔きけん「危険」
あんない ③【案内】〈名・サ変〉	引导，向导；传达；通知，通告；了解，熟悉

い

い【位】◆〈接尾〉	（顺序）位；位数

【真题】今度の試合の結果、彼は世界第4_____で、前より成績が悪くなった。
　　　A. 人　　　B. 番　　　C. 目　　　D. 位
答案　D
解析　「第4位」是"第四名"的意思。选项C虽然可以表示顺序，但是不能直接跟在数字后面。

い ⓪【胃】▲〈名〉	胃
いい ①【良い】〈形〉	好的；行的，可以的；不需要的，不必的＝よい
いいあらわす ⑤【言い表す】▲〈他五〉	表达，表现，表示，说明，陈述
いいえ ③〈感〉	不，不是，没有
いいかえる ④③【言い換える・言い替える】◆〈他下一〉	换句话说；改变说法
いいかた ②【言い方】◆〈名〉	说法，表现方法
いう ⓪【言う】〈自・他五〉	说，讲；说话；告诉，告诫；表达，表明；据说；称作
いうまでもない【言うまでも無い】◆〈連語〉	不用说；不待言；当然
いえ ②【家】〈名〉	房子，屋；家，家庭；门第，家世
いか ①【以下】◆〈名〉	以下⇔いじょう「以上」→みまん「未満」
いがい ⓪①【意外】◆〈名・形動〉	意外，出乎意料
いがい ①【以外】〈名〉	以外；之外，此外⇔いない「以内」

いかが ②【如何】▲〈副・形動〉	怎样，如何；怎么样（劝对方的话语）
いかす ②【生かす】〈他五〉	使活着；活用，发挥 ⇒ころす「殺す」
いき ①【息】〈名〉	呼吸，喘气；气息；步调
いきかた ③④【生き方】◆〈名〉	生活方式，生活态度
いきる ②【生きる】〈自上一〉	生存；为……生活；有生气，生动；有效，有意义
いく ⓪【行く】〈自五〉	去，走；到……去，赴；进行，进展＝ゆく
いくつ ①【幾つ】◆〈名〉	几个，多少；几岁
いくら ①⓪【幾ら】〈名・副〉	多少，多……；若干，多少；纵令……也，无论怎么……也
いけ ②【池】〈名〉	池，池塘；水池；砚池
いけない〈連語〉	不好，恶劣；遗憾，糟糕；不行，不准，不可；完了，不行了

【真題】「風邪を引いて、熱があるんです。」「それは＿＿＿＿ね。お大事に。」
　　　　A．いやです　　　　　　B．へんです
　　　　C．いけません　　　　　D．こまります
　答案　C
　翻译　"我感冒了，发烧。""那可不好。要多保重。"

いけん ①【意見】〈名・サ変〉	意见，见解；劝告，规劝
いし ②【石】〈名〉	石头，石子；宝石；结石
いしき ①【意識】〈名・サ変〉	意识，知觉，神志
いじめる ⓪【苛める・虐める】〈他下一〉	欺负，虐待，作弄，刁难
いしゃ ⓪【医者】〈名〉	医生，大夫
いじょう ①【以上】〈名・接続〉	以上，不少于；超出，更多；上述；既然……就
いす ⓪【椅子】〈名〉	椅子，凳子；位置，职位
いぜん ①【以前】▲〈名〉	过去，以往；以前⇔いご「以後」
いそがしい ④【忙しい】〈形〉	忙的，忙碌的；急急忙忙的
いそぐ ②【急ぐ】〈自五〉	急，急忙；快走，快步；赶紧，赶快，抓紧
いたい ②【痛い】〈形〉	疼的，疼痛的；痛苦的，难过的
いたす ②【致す】◆〈他五〉	（「する」的谦让语）做，为

いただく ⓪【頂く・戴く】◆〈他五〉	（「もらう」的谦让语）接受，拜领；（「飲む・食べる」的谦让语）吃，喝
いためる ③【痛める・傷める】〈他下一〉	损伤；使痛苦；弄坏，损坏
いちいち ②【一一】◆〈副〉	逐一，逐个；一一，详细；全部，一个个
いちど ③【一度】◆〈名・副〉	一次，一回；同时，一齐
いちばん ②【一番】〈名・副〉	最初，第一，最前列；最优秀，最出色；最，顶
いちぶ ②【一部】◆〈名〉	一部分；一册 ⇔ぜんぶ「全部」、ぜんたい「全体」
いつ ①【何時】〈代〉	何时，什么时候
いつか ①【何時か】〈副〉	什么时候；不知不觉，不知啥时；曾经；迟早，（总）有天
いっしょ ⓪【一緒】〈名〉	一同，一起；一样；合在一起，一共，混同
いっしょうけんめい ⑤【一生懸命】〈名・形動〉	尽力，拼命（地）；努力（地）
いっそう ⓪①【一層】〈名・副〉	一层，第一层；更，更加，越发

【真題】日本語を勉強する時間が長くなるにつれて、日本のことに＿＿＿＿＿＿興味を持つようになりました。
　　　　A．もっとも　　　B．かならず　　　C．きっと　　　D．いっそう
　答案　D
　翻译　随着学习日语的时间越来越长，对日本的事情更加感兴趣了。

いったい ⓪【一体】〈名・副〉	一体，同心协力；根本，原来；大体上；到底，究竟

【真題】お祭りでもないのに、この人の多さは＿＿＿＿＿＿何があったんだ。
　　　　A．いったい　　　B．どうして　　　C．ほんとうに　　　D．いっそう
　答案　A
　翻译　又不是祭祀活动，人那么多，究竟是发生了什么事情？

いつのま【何時の間】▲〈連語〉	不知不觉，不知什么时候
いっぱい ⓪①【一杯】〈名・副〉	一杯，一碗；满，充满；全，全部；很多

いっぱん ⓪【一般】◆〈名・形動〉	一般，普遍；普通⇔とくしゅ「特殊」
いっぱんてき⓪【一般的】〈形動〉	一般的
いっぽう ⓪③【一方】〈名・接続〉	一方；一面，一方面；一面……一面……；越来越……
いつまでも ①【何時までも】〈副〉	到什么时候也，永远，始终
いつも ①【何時も】〈名・副〉	经常，无论何时；日常，平日
いと ①【糸】〈名〉	线；弦；线索
いない ①【以内】◆〈名〉	以内
いなか ⓪【田舎】〈名〉	农村，乡村；故乡，家乡，老家⇔まち町〔城镇〕
いぬ ②【犬】▲〈名〉	狗，犬；走狗
いのち ①【命】〈名〉	命，生命，性命；寿命；命根子，宝贝
いのる ②【祈る】〈他五〉	祈祷，祷告；祝愿，希望
いま ①【今】〈名・副〉	现在，目前；今日，当代；立刻，马上；刚，刚才
いまごろ ⓪【今頃】〈名〉	现在，此时；如今
いみ ①【意味】〈名・サ変〉	意思，意义；意图，动机；意义，价值
いもうと ④【妹】〈名〉	妹妹，小姑，小姨
いや ②【嫌・否】〈形動〉	不愿意，不喜欢
いよいよ ②【愈愈】〈副〉	越发，更加；真的，果真，确实；到底，终于；最后时刻
いらい ①【以来】◆〈名〉	以来，以后
いらっしゃる ④〈自五・補動〉	(「行く」「来る」「いる」的尊敬语)去；来；在

【真題】「わたしの母がそちらにうかがっていますか。」「はい、_____よ。」
　　　A．きております　　　　　B．うかがいます
　　　C．まいります　　　　　　D．いらっしゃいます
答案　D
翻译　"家母有没有在府上?""是的，在。"

いりぐち ⓪【入り口】〈名〉	入口，门口；开始，起头
いる ⓪【居る】〈自上一・補動〉	在；有；居住，逗留；(表动作、状态持续)在……着

いる ⓪【要る】〈自五〉	要，需要；必要
いれる ⓪【入れる】〈他下一〉	装进，放进；送进，收容；包含，算上
いろ ②【色】〈名〉	色，颜色；色泽；肤色；脸色，气色，神色；女色，色情
いろいろ ⓪【色々】〈名・形動・副〉	种种，各种各样；形形色色
いろんな ⓪【色んな】〈連体〉	各种各样的
いわい ⓪②【祝い】〈名〉	祝贺，庆贺；贺礼→祝う〔祝贺〕

【真題】あしたは友だちの誕生日なので、_____にケーキを焼いてあげる。

A. お祝い　　　B. お礼　　　C. 喜び　　　D. 謝り

答案　A

翻译　明天是朋友的生日，我会烤蛋糕为他祝贺。「お祝い」是一种习惯表达。

いんしゅ ⓪【飲酒】◆〈名・サ変〉	饮酒
いんしょう ⓪【印象】◆〈名〉	印象
いんしょく ⓪①【飲食】◆〈名・サ変〉	饮食

う

うえ ⓪【上】〈名・接尾〉	上部，上面；表面，（程度、等级、地位等）高；（年龄）大；（顺序）前，先；关于……，在……方面；而且，另外 ⇔した「下」
うえる ⓪【植える】〈他下一〉	种，植，栽；嵌入；培植，培育
うえる ②【飢える】◆〈自下一〉	饥饿；渴望，渴求
うかがう ⓪【伺う】◆〈自・他五〉	（「聞く」「尋ねる」的谦让语）聆听，请教，请问；（「訪問する」的谦让语）拜访
うかぶ ⓪【浮かぶ】〈自五〉	漂浮；浮起，浮出；想起，想出；浮现，露出
うかべる ⓪【浮かべる】〈他下一〉	浮，泛；使出现；想起
うけつけ ⓪【受付】〈名〉	受理，接受；接待，接待处；接待员
うけとる ⓪③【受け取る】〈他五〉	接，收；领会，理解
うける ②【受ける】〈自・他下一〉	承接；承蒙，受到；遭受；接受；答应；受欢迎

うごかす ③【動かす】〈他五〉	移动，挪动；开动；摇动；发动；感动，打动；运作
うごく ②【動く】〈自五〉	动，活动，行动；开动，转动；变动，调动；移动
うし ⓪【牛】▲〈名〉	牛
うしなう ⓪【失う】〈他五〉	丢失，失掉；改变常态；迷失；错过，失去；丧，亡
うしろ ⓪【後ろ】〈名〉	后，后面；背，北面
うすい ⓪②【薄い】〈形〉	薄的；淡的，浅的；少的，稀的
うそ ①【嘘】〈名〉	谎言，假话；不正确，错误；不恰当，不应该
うた ②【歌】〈名〉	歌，歌曲；和歌，诗歌
うたう ⓪【歌う】〈他五〉	唱，咏歌，歌吟
うたがう ⓪【疑う】〈他五〉	怀疑，疑惑；猜疑，猜测
うち ⓪【家】〈名〉	家，家庭；自己家里
うち ⓪【内】〈名〉	内部，里面，里头；期间，以前；内，中；我，我们
うちけし ⓪【打ち消し】▲〈名〉	否定，否认
うちゅう ①【宇宙】〈名〉	宇宙，空间，太空；天地，世界
うつ ①【打つ】〈他五〉	打，揍；碰，撞；拍打，敲打；钉进，打进
うつくしい ④【美しい】〈形〉	美的，美丽的，好看的，漂亮的；美好的，优美的
うつす ②【移す】〈他五〉	移，挪；转移，改变；度，度过；调动
うつす ②【映す】▲〈他五〉	映，照；放映
うつす ②【写す】〈他五〉	抄，誊，摹；拍照；描写，描绘
うったえる ④③【訴える】◆〈他下一〉	诉讼，控诉；诉说，呼吁；诉诸……；打动
うつる ②【移る】〈自五〉	搬迁；调动；转移，变化；传染，感染；蔓延
うつる ②【映る】◆〈自五〉	映照，映现
うつる ②【写る】〈自五〉	拍摄，拍照；透视→うつ（写）す
うで ②【腕】▲〈名〉	前臂，胳膊；本领，技能；腕力，力气
うどん ⓪【饂飩】〈名〉	切面，面条
うなずく ③⓪【頷く】〈自五〉	点头，首肯
うばう ②⓪【奪う】〈他五〉	夺，抢；夺去，夺走；获得；迷人，惊人
うま ②【馬】〈名〉	马；脚凳子；鞍马

うまい ②【旨い・甘い】〈形〉　　　美味的，可口的；巧妙的，高明的；顺利的

うまれる ⓪【生まれる・産まれる】　生，产；产生，诞生
〈自下一〉

うみ ①【海】▲〈名〉　　　　　　　海，海洋；茫茫一片

うみべ ⓪③【海辺】▲〈名〉　　　　海边，海滨

うむ ⓪【生む・産む】〈他五〉　　　生，产；产生，产出

うめる ⓪【埋める】▲〈他下一〉　　填；埋入，掩埋；填（满），补；弥补，补足

うら ②【裏】〈名〉　　　　　　　　背面；后边；里子，底子；内部，内幕，
　　　　　　　　　　　　　　　　　背后；（棒球）后半局；反面⇔おもて「表」

うらやましい ⑤【羨ましい】〈形〉　羡慕，眼红

うりば ⓪【売り場】〈名〉　　　　　柜台，销售处；出售的好时机

うる ⓪【売る】〈他五〉　　　　　　卖，售；出卖⇔買う〔买〕

うる ①【得る】〈他下一〉　　　　　得到，获得；（接在动词的连用形之后）能
　　　　　　　　　　　　　　　　　够，有可能＝える

うるさい ③【煩い・五月蝿い】〈形〉　吵闹；讨厌，烦人；爱唠叨；通晓，精通

うれしい ③【嬉しい】〈形〉　　　　高兴的，快活的，喜悦的

うわぎ ⓪【上着】〈名〉　　　　　　上衣，褂子

うん ①◆〈感〉　　　　　　　　　　（表示同意）嗯；（表示想起某事）哦，喔；
　　　　　　　　　　　　　　　　　（表示呻吟、哼哼）哼；（表示用力时发出
　　　　　　　　　　　　　　　　　的声音）嗯

うんてん ⓪【運転】◆〈名・サ変〉　驾驶，开；操纵，开动；运用，利用

うんてんしゅ ③【運転手】〈名〉　　司机，驾驶员

うんどう ⓪【運動】〈名・サ変〉　　运动；活动

うんどうじょう⓪【運動場】〈名〉　体育场，操场

うんめい ①【運命】▲〈名〉　　　　命，命运

え

え ①【絵】〈名〉　　　　　　　　　图画，绘画；画面

えいが ⓪①【映画】〈名〉　　　　　电影

えいがかん ③【映画館】〈名〉　　　电影院

えいきょう ⓪【影響】〈名・サ変〉　影响

えいご ⓪【英語】〈名〉　　　　　　英语

えいぞう ⓪【映像】◆〈名〉　　　　影像；画面；形象，印象

えいよう ⓪【営養・栄養】〈名〉　　营养，滋养

12

えぇ〈感〉 （表示惊讶）啊；（表示答应）好吧；（表示焦躁、气愤）哼

えがお ①【笑顔】▲〈名〉 笑脸，笑容

えき ①【駅】〈名〉 电车站，火车站（注意：公交车站在日语中为「バス停」）

えきたい ⓪【液体】〈名〉 液体
→固体（こたい）→気体（きたい）〔气体〕

えだ ⓪【枝】〈名〉 树枝；分支

えっ ①〈感〉 （表示惊讶）唉；（表示反问）怎么；（表示使力气）嗨哟

えび ⓪【海老・蝦】▲〈名〉 虾
☞蝦で鯛を釣る〔用虾米钓大鱼；一本万利〕

えほん ②【絵本】▲〈名〉 连环画，图画书

えらぶ ②【選ぶ】〈他五〉 选择，挑选；选举，选拔

える ①【得る】〈他下一〉 得到，获得；得，遭受；（接动词连用形之后）能够＝うる

えん ①【円】〈名〉 圆圈，圆形；圆周；日元，块钱

えんぴつ ⓪【鉛筆】〈名〉 铅笔

えんりょ ⓪【遠慮】〈名・サ変〉 客气；远虑，深谋远虑；谢绝，推辞

お

おいしい ③⓪【美味しい】〈形〉 好吃的，味美的；对口的，合适的
⇒うまい〔好吃〕

おいで ⓪【御出で】◆〈名・連語〉 （「いる」「来る」「行く」尊敬语）在、来，去

おう ⓪【追う】〈他五〉 追，赶；追求；赶开，轰走；驱赶；忙于；按照（顺序）

おう ⓪【負う】▲〈他五〉 背负，担负；遭受，蒙受；多亏，有赖于；符合

おうふく ⓪【往復】〈名・サ変〉 往返，往复；来往

おおあめ ③【大雨】〈名〉 大雨，豪雨⇔小雨「こさめ」

おおい ①②【多い】〈形〉 多，许多⇔少ない

おおかぜ ⓪③【大風】〈名〉 大风，暴风

おおきい ③【大きい】〈形〉 大，巨大；岁数大；夸大⇔小さい

おおきな ①【大きな】〈連体〉	大，巨；重大，伟大；非常，深刻⇔小さな ☞大きなお世話だ〔多管闲事〕
おおく ①【多く】〈名・副〉	多，许多；多半，大都
おおごえ ③【大声】◆〈名〉	大声⇔小声「こごえ」
おおぜい ③【大勢】〈名〉	许多人，众人，一群人
おおそうじ ③【大掃除】〈名・サ変〉	大扫除
おおどおり ③【大通り】▲〈名〉	大路，大街
おおみそか ③【大晦日】▲〈名〉	除夕，大年三十
おかあさん ②【お母さん】〈名〉	母亲，妈妈⇒はは「母」
おかげ ⓪【御蔭・御陰】〈名〉	庇护；帮助，恩惠；托……的福；（用作反语）就怪……
おかし ②【御菓子】〈名〉	点心，零食
おかしい ③【可笑しい】〈形〉	可笑的，滑稽的；奇怪的，不正常的；可疑的
おかず ⓪〈名〉	菜，菜肴
おきる ②【起きる】〈自上一〉	起来；起床；不睡；发生，出事
おく ⓪【置く】〈他五〉	放置；放下，搁；设置，设立；保存，存放；留住
おく ①【奥】〈名〉	里头，内部；里屋，里院；尽头，末尾
おく ①【億】〈名〉	亿
おくさん ①【奥さん】〈名〉	夫人；大婶，大嫂，大妈
おくる ⓪【送る】〈他五〉	送，寄；派，派遣；送行；度过 ⇔むか迎える〔迎接〕
おくれ ⓪【遅れ】◆〈名〉	落后；晚，迟
おくれる ⓪【遅れる】〈自下一〉	晚，延误；没赶上，迟到；落后
おこす ②【起す】〈他五〉	扶起，立起；唤起，唤醒；发起，引起；挖开

【真题】お母さん、あした7時にわたしを＿＿＿＿＿ください。
　　　　A．おきて　　　　B．おこって　　　　C．おこして　　　　D．おとして
　答案　C
　翻译　妈，明天七点叫我起来。

おこなう ③⓪【行う】〈他五〉	做，办；实行，进行；举行；执行，履行
おこる ②【起こる】〈自五〉	起，发生；产生；发作

14

おこる ②【怒る】〈自五〉	生气，发怒；训斥
おさない ③【幼い】▲〈形〉	年幼的，幼小的；幼稚，不成熟
おさめる ③【収める】〈他下一〉	收，接受；取得，获得；收藏，收存
おじいさん ②【お爺さん】〈名〉	祖父，爷爷；外祖父，外公；老爷爷 ⇔お婆さん
おしえる ⓪【教える】〈他下一〉	教，传授；教导，训练；告知 →教わる〔受教〕
おじさん ⓪【伯父さん・叔父さん・ 小父さん】〈名〉	伯伯；叔叔；舅舅；大叔
おじょうさん ②【御嬢さん】〈名〉	您女儿，令爱，千金；小姐
おす ⓪【押す・圧す】〈他五〉	推，挤；压，按
おそい ②⓪【遅い】〈形〉	慢，迟缓；晚，不早；来不及；迟钝 ⇔早い〔早、快〕
おそらく ②【恐らく】〈副〉	恐怕；大概，或许；很可能；估计

【真题】いまになっても、彼女は来ない。_____なにかあったのだろう。
　　　　A．おそらく　　B．いったい　　C．とても　　　　D．さっぱり
答案　A
翻译　现在她还没来，大概是发生了什么事吧。

おそれ ③【恐れ】◆〈名〉	恐惧，害怕；担心

【真题】このテレビ番組は小学生に悪い影響を与える_____があります。
　　　　A．つもり　　　B．おかげ　　　C．おそれ　　　　D．わけ
答案　C
解析　「おそれがある」是"令人担心"的意思。其他选项的意思：A 打算；B 托
　　　……的福；D 理由，原因。
翻译　这种电视节目恐怕会对小学生带来不良影响。

おそれる ③【恐れる・畏れる】 〈自下一〉	害怕，恐惧，畏惧；唯恐，担心
おそろしい ④【恐ろしい】〈形〉	可怕；惊人，非常，厉害
おそわる ⓪【教わる】▲〈他五〉	受教，学习→教える
おたがい ⓪【お互い】◆〈名・副〉	相互，彼此；双方

おちつく ⓪【落ち着く】▲〈自五〉	沉着；镇静；安定，安静；平静下来，平息；定居，落户；有头绪，有眉目；素雅，协调，匀称
おちゃ ⓪【お茶】〈名〉	茶水；茶道
おちる ②【落ちる】〈自上一〉	落下，掉下来；倒塌，陷落；脱落；剥落；遗漏；凋落，沦落，衰落；降低；落选；落入
おつり ⓪【お釣り】〈名〉	找的零钱
おと ②【音】〈名〉	音，声音
おとうさん ②【お父さん】〈名〉	父亲，爸爸⇒ちち「父」
おとうと ④【弟】〈名〉	弟弟；老弟；年龄小，资历浅⇒あに「兄」
おとこ ③【男】〈名〉	男的，男人；家伙，汉子；雄的，公的 ↔おんな「女」
おとす ②【落とす】〈他五〉	遗失，失落；弄掉；遗漏；减低
おとずれる ④【訪れる】▲〈自下一〉	访问，过访；到来，来临
おとな ⓪【大人】〈名〉	大人，成人；老成↔こども「子供」
おどる ⓪【踊る】〈自五〉	跳舞，舞蹈；活跃，行动
おどろく ③【驚く】〈自五〉	吓，惊恐；惊讶，感到意外
おなか ⓪【お腹】〈名〉	肚子，胃肠
おなじ ⓪【同じ】〈形動・副〉	同样，相同；同一
おにいさん ②【お兄さん】〈名〉	哥哥；大哥，小伙子
おねえさん ②【お姉さん】〈名〉	姐姐；大姐，小姐
おねがい ⓪【御願い】◆〈名〉	拜托
おばあさん ②【お婆さん】〈名〉	祖母，奶奶；外祖母，外婆；老太太，老大娘
おばさん ⓪【伯母さん・叔母さん・小母さん】〈名〉	姑妈，姨妈，舅妈↔おじさん
おぼえる ③【覚える】〈他一〉	记住，记忆；感觉，觉得；学会，掌握
おみやげ ⓪【お土産】◆〈名〉	特产，土产；礼品，礼物
おも ①【主】〈名・形動〉	主要，重要；大部分，多半
おもい ⓪【重い】〈形〉	重，沉重；不舒服；迟钝；重大，严重 ↔軽い〔軽〕
おもいうかべる ⓪⑥【思い浮かべる】▲〈他下一〉	想起，回忆起

おもいきる ④【思い切る】▲〈自・他五〉	断念，死心，想开
おもいだす ④⓪【思い出す】〈他五〉	想起，想到；联想
おもいで ⓪【思い出】〈名〉	回忆，回想；纪念
おもいやる ④⓪【思い遣る】▲〈他五〉	体谅，体贴；遐想，遥想；担心
おもう ②【思う】〈他五〉	想，思考；相信；觉得，感觉；打算，希望；想念，思念
おもしろい ④【面白い】〈形〉	有趣，有意思；愉快，高兴；新奇，新颖
おもちゃ ②【玩具】▲〈名〉	玩具
おもて ③【表】〈名〉	表面，正面；外表，外观；前部，前面 ⇔うら「裏」〔背面〕
おもわず ②【思わず】▲〈副〉	禁不住，情不自禁地，不由自主地
おや ②【親】〈名〉	双亲，父母；祖先；主体，母体；大的，主要的
およぐ ②【泳ぐ】〈自五〉	游，游泳；挤过，穿过；混世
おりる ②【下りる・降りる】〈自上一〉	下，降落；下来；放；下达；退出
おる ①【折る】〈他五〉	折，叠；折断；折，弯曲
おれい ⓪【御礼】◆〈名〉	谢辞，谢礼
おろす ②【下ろす・降ろす】〈他五〉	放下，降下；卸下（货物）；扎根
おわる ⓪【終わる】〈自五〉	完，结束；做完，完结⇔始まる〔开始〕
おんがく ①【音楽】〈名〉	音乐
おんかん ⓪【音感】◆〈名〉	音感
おんしつ ⓪【温室】◆〈名〉	温室
おんしつ⓪【音質】◆〈名〉	音质
おんど①【温度】▲〈名〉	温度，热度
おんな③【女】〈名〉	女人，女性；女人的容貌；情妇，情人 ⇔おとこ「男」

か

か ①【科】〈名〉	专业，系；科；（生物分类的）科
かい ①【階】〈名〉	层，楼层
かい ①【会】〈名〉	会，会议；集会
かい ①【回】◆〈名・接尾〉	回，次

かい ①【貝】▲〈名〉	贝，蛤蜊；贝壳
がい【外】◆〈接尾〉	……以外，……之外
がい【街】◆〈接尾〉	……街
かいがい ①【海外】◆〈名〉	海外，国外；外国
かいがんせん⓪【海岸線】▲〈名〉	海岸线；沿海铁路线
かいぎ ①③【会議】◆〈名〉	会议
かいけつ ⓪【解決】〈名・サ変〉	解决
がいこう ⓪【外交】▲〈名〉	（国家间的）外交；对外事务，外勤（人员）；对外联系
がいこく ⓪【外国】〈名〉	外国
かいさんぶつ ③【海産物】▲〈名〉	海产品
かいし ⓪【開始】◆〈名・サ変〉	开始
かいしゃ ⓪【会社】〈名〉	公司
がいしゅつ ⓪【外出】〈名・サ変〉	出门，出外
かいじょう ⓪【会場】〈名〉	会场
かいすいよく ③【海水浴】▲〈名〉	海水浴，在海里游泳
かいだん ⓪【階段】〈名〉	台阶，楼梯，阶梯
かいはつ ⓪【開発】〈名・サ変〉	开发，开辟；启发；研制，发展
かいふく ⓪【回復】〈名・サ変〉	恢复，康复；挽回，收复
かいめん ⓪【海面】◆〈名〉	海面
かいもの ⓪【買い物】〈名・サ変〉	买东西；要买的东西；买得便宜的东西
がいらい ⓪【外来】◆〈名〉	外来，舶来；门诊
がいらいご ⓪【外来語】〈名〉	外来语
かいわ ⓪【会話】〈名・サ変〉	会话；对话，谈话
かう ⓪【買う】〈他五〉	买；招致，惹起；承担
かう ①【飼う】▲〈他五〉	养，饲养
かえす ①【返す】〈他五〉	还给，归还；送回；翻（过来）；报答，回敬
かえり ③【帰り】◆〈名〉	回来，回去；归途
かえる ⓪【代える・替える・換える】〈他下一〉	代替，替换；改换，更换；交换，变换
かえる ⓪【変える】〈他下一〉	改变，变更
かえる ①【返る・帰る】〈自五〉	回归，回来；归去，回去
かお ⓪【顔】〈名〉	脸，面孔；表情，面色；面子，脸面

かがく ①【化学】▲〈名〉	化学
かがく ①【科学】〈名〉	科学
かがみ ③【鏡】〈名〉	镜，镜子
かがやかしい ⑤【輝かしい】〈形〉	辉煌，光辉
かがやく ③【輝く】〈自五〉	放光，闪耀；充满，洋溢；光荣，显赫
かかる ②【掛かる】〈自五〉	花（时间、金钱）；打（电话）；挂上；戴上，盖上
かかわる ③【係わる・関わる】◆〈自五〉	有关系，关系到；攸关
かき ⓪【柿】▲〈名〉	柿子
かぎ ②【鍵】〈名〉	钥匙；锁；关键
かぎり ①③【限り】◆〈名〉	限，限度；极限；以……为限；只要……就
かぎりない ④【限りない】▲〈形〉	无限的，无止境的
かぎる ②【限る】〈自五〉	限，限定，限制；限于，只限；顶好，最好，再好不过
かく ①【書く・描く】〈他五〉	写；画；描写，描绘
かぐ ⓪【嗅ぐ】▲〈他五〉	闻，嗅
かぐ ①【家具】〈名〉	家具
かくじつ ⓪【確実】▲〈名・形動〉	准，确实，准确；可靠
がくしゃ ⓪【学者】〈名〉	学者
がくしゅう ⓪【学習】〈名・サ変〉	学习
がくじゅつ ⓪②【学術】◆〈名〉	学术，学问
かくす ②【隠す】◆〈他五〉	藏，隐藏；隐瞒；掩盖，掩饰
がくせい ⓪【学生】〈名〉	学生
かくち ①【各地】◆〈名〉	各地，到处
がくもん ②【学問】〈名〉	学业，学识；学习；科学，学术
かくれる ③【隠れる】〈自下一〉	躲藏，隐藏；隐蔽，隐遁；埋没
かげ ①【影・陰】〈名〉	影，影子；映影；形象，形迹；阴影
がけ ⓪【崖】▲〈名〉	悬崖
かける ⓪【欠ける】〈自下一〉	缺口；缺少，欠，不够
かける ②【掛ける】〈他下一・接尾〉	挂上，悬挂；戴上，套上；搭上；盖上，蒙上；系上，扎上；浇，泼；锁上；发动；打电话
かこ ①【過去】◆〈名〉	过去 →现在「げんざい」→将来「しょうらい」

かご ◎【籠】▲〈名〉	筐，笼
かこう ◎【加工】◆〈名・サ変〉	加工
かこむ ◎【囲む】〈他五〉	围绕，围上；围，围攻
かさ ①【傘】〈名〉	伞
かさなる ◎【重なる】▲〈自五〉	重叠，重重；赶在一起，碰在一起
かさねる ◎【重ねる】〈他下一〉	摞起，使重叠；再加上，放上；反复，多次
かざる ◎【飾る】〈他五〉	装饰，装潢；修饰，渲染；润色；陈列
かざん ①【火山】▲〈名〉	火山
かじ ①【火事】〈名〉	火灾，失火
かしだし ◎【貸し出し】▲〈名・サ変〉	借出，出租；放款，贷款
かじつ ①【果実】◆〈名〉	果实
かす ◎【貸す】〈他五〉	借给，借出；租给⇔借りる〔借入〕
かず ①【数】〈名〉	数，数目；多数，多种
かぜ ◎【風】〈名〉	风；样子，态度
かぜ ◎【風邪】〈名〉	感冒，伤风
かせい ◎【火星】◆〈名〉	火星
かぞえる ③【数える】▲〈他下一〉	数，计算；列举，枚举；算，数
かぞく ①【家族】〈名〉	家属，家人
かた ①【肩】〈名〉	肩，肩膀；上方，上端
かた ②【方】〈名〉	方，方向；（敬语）位，人
かたい ◎②【堅い・硬い・固い】〈形〉	硬；坚固；坚定；生硬；僵硬，死板 ⇔柔らかい〔柔软〕⇔緩い〔松，不紧〕
かだい ◎【課題】◆〈名〉	课题，任务；题目
かたかな ③【片仮名】〈名〉	片假名⇔平仮名「ひらがな」
かたち ◎【形】〈名〉	形，形状；姿态，容貌；状态；题材
かたづける ④【片づける】〈他下一〉	整理，收拾；解决，处理；消灭，清除
かたな ②③【刀】▲〈名〉	刀
かち ①【価値】▲〈名〉	价值
がち【～勝ち】〈接尾〉	每每，往往，容易；常常，经常
かちょう ◎【課長】◆〈名〉	科长
かつ ①【勝つ】〈自五〉	胜，获胜；超过，胜过；克制，克服
がっかり ③〈副・サ変〉	失望，灰心丧气，泄气，气馁
がっき ◎【楽器】〈名〉	乐器

かっこう ⓪【格好】〈名・形動〉	样子，外形；姿态，姿势；装束，打扮
がっこう ⓪【学校】〈名〉	学校
かつじ ⓪【活字】◆〈名〉	活字，铅字
がっしょう ⓪【合唱】◆〈名・サ変〉	合唱
かって ⓪【勝手】▲〈名・形動〉	任意，随便；方便；情况
かつどう ⓪【活動】〈名・サ変〉	活动，工作
かてい ⓪【家庭】〈名〉	家庭
かど ①②【角】〈名〉	拐弯儿；角落；隅角
かな ⓪【仮名】▲〈名〉	假名，日本字母
かない ①【家内】▲〈名〉	家内，家庭；家属，全家（人）；内人，(我的）妻子
かなしい ⓪③【悲しい】◆〈形〉	悲哀，悲伤，可悲
かなしみ ⓪③【悲しみ】〈名〉	悲哀，悲伤；忧愁，悲痛
かならず ⓪【必ず】〈副〉	一定，必定，肯定
かなり ①〈副・形動〉	相当，颇为；相当

【真题】あのテストは＿＿＿＿＿できたけど、全部はできなかった。
　　　　A．とても　　　B．おおぜい　　　C．かなり　　　D．ひじょうに
答案　C
解析　「かなり」是"相当"的意思，也就是说不是非常好，只是超过普通程度。
　　　其他选项的意思：A很，非常；B「大勢」(人很多)；D「非常に」(非常)。

【真题】住民の反対にあい、問題解決は＿＿＿＿＿難しいと思われる。
　　　　A．とうとう　　　B．なんとか　　　C．すっかり　　　D．かなり
答案　D
解析　「かなり難しい」是"相当难"的意思。其他选项的意思：A终于，到底；
　　　B设法；C全都，完全。
翻译　因为遭到居民的反对，估计问题相当难解决。

かね ⓪【金】〈名〉	钱，钱财；金属，铁
かねもち ③【金持ち】▲〈名〉	有钱人，财主，富人
かのじょ ①【彼女】〈代・名〉	她；女朋友，未婚妻，妻子⇔彼「かれ」
かばん ⓪【鞄】〈名〉	皮包，提包，书包
かぶる ②【被る】〈他五〉	戴；蒙，盖；套上，穿上；浇，灌；蒙受，遭受

かべ ⓪【壁】〈名〉	墙，壁；障碍物，隔阂
かまう ②【構う】〈他五〉	管，顾，介意，理睬，干预；费心，照料，招待；逗弄
がまん ①【我慢】〈名・サ变〉	忍耐，忍受；饶恕，原谅；将就，克服
かみ ②【紙】〈名〉	纸
かみ ②【髪】〈名〉	发，头发；发型
かみさま ①【神様】▲〈名〉	老天爷，上帝，神；专家，……之神
かむ ①【噛む】▲〈他五〉	咬；嚼；冲击，击打
かもく ⓪【科目】〈名〉	科目；学科；项目，条款
かゆ ⓪【粥】〈名〉	粥，稀饭
かよう ⓪【通う】〈自五〉	上学，上班；往来，通行
から ◆〈格助・接助〉	从，由；经过，经由；来自；因为，由于
からい ②【辛い】〈形〉	辣；咸；严格⇔甘い〔甜的〕
からだ ⓪【体】〈名〉	身体，身子；体格，身材；体质；健康；体力
かりる ⓪【借りる】〈他上一〉	借；租；借助，借用⇔貸す〔借出〕
がる ▲〈接尾〉	（第三人称）觉得，感觉；自以为，认为
かるい ⓪【軽い】〈形〉	轻；轻巧，敏捷；轻微；轻浮，不稳重；轻松；简单⇔重い〔重〕

かれ ①【彼】◆〈代・名〉	他；男朋友，未婚夫，丈夫 ⇔彼女「かのじょ」
かれる ⓪【枯れる】〈自下一〉	枯萎，凋零；干燥；成熟
かわ ②【川・河】〈名〉	河，河川

かわ ②【皮・革】〈名〉	皮，外皮；皮革
がわ ⓪【側】〈名〉	一侧，一方，一面；方面，立场；周围，旁边
かわいい ③【可愛い】〈形〉	讨人喜欢的，可爱的；小巧玲珑的；天真的
かわいそう ④【可哀相・可哀想】〈形動〉	可怜的
かわく ②【乾く】〈自五〉	干，干燥；干枯，枯燥；干巴巴
かわる ⓪【替わる・代わる・換わる】〈自五〉	更换，更迭；代替，替代，代理
かわる ⓪【変わる】〈自五〉	变，变化；改变，转变；不同，与众不同
かん ⓪【缶】〈名〉	罐
かんがえかた ⑤⑥【考え方】◆〈名〉	想法，见解；主意，观点
かんがえる ④③【考える】〈他下一〉	想，思考；考虑，斟酌；打算，希望
かんかく ⓪【感覚】◆〈名〉	感觉
かんきょう ⓪【環境】〈名〉	环境
かんけい ⓪【関係】〈名・サ変〉	关系，联系；关系到……；方面，系统
かんこう ⓪【観光】〈名〉	观光，游览
かんごふ ③【看護婦】〈名〉	护士，女护士
かんじ ⓪【漢字】〈名〉	汉字
かんしゃ ①【感謝】〈名・サ変〉	感谢
かんじゃ ⓪【患者】〈名〉	患者，病人，病号
かんじる ⓪【感じる】〈自・他上一〉	感觉，觉得，感到；感想，感动＝感ずる
かんしん ⓪【感心】〈名・サ変〉	钦佩，佩服；觉得好，赞成，赞美；令人吃惊
かんしん ⓪【関心】〈名〉	关心，关怀
かんする ③【関する】◆〈サ変〉	有关，关于
かんぜん ⓪【完全】〈名・形動・サ変〉	完全，完整；完善，完美；圆满
かんたん ⓪【簡単】〈形動〉	简单，容易，简便
かんどう ⓪【感動】〈名・サ変〉	感动
がんばる ③【頑張る】〈自五〉	拼命努力，坚持；坚持己见
かんばん ⓪【看板】〈名〉	招牌，广告牌；幌子，牌子

き ⓪【気】〈名〉	气；气氛；气息，呼吸；气质，性情；意识，神志；念头，打算
	☞気が合う〔合得来，情投意合〕
	☞気が気でない〔焦虑不安〕
	☞気が付く〔注意到〕
	☞気にする〔留心，介意〕
	☞気になる〔成了心事〕
	☞気を付ける〔注意，小心〕
き ①【木】〈名〉	树，树木；木头，木材
きあつ ⓪【気圧】◆〈名〉	气压
きいろ ⓪【黄色】▲〈名・形動〉	黄色
きいろい ⓪【黄色い】〈形〉	黄色的
きえる ⓪【消える】〈自下一〉	消失，隐没；熄灭；消除

【真題】さっきまで光っていた星が_____しまいました。
　　　　A．とめて　　　　B．けして　　　　C．やめて　　　　D．きえて
　答案　D
　解析　「星が消える」是"星星消失"的意思。

きおん ⓪【気温】〈名〉	气温
きかい ②【機械・器械】〈名〉	机器，机械
きかい ②⓪【機会】〈名〉	机会
きかん ②①【期間】◆〈名〉	期间
きく ⓪【聞く・聴く】〈他五〉	听，听到；听说；听从；听取；打听，询问
きく ⓪【利く・効く】〈自・他五〉	有效，见效；好使，敏锐；经得住
きけん ⓪【危険】◆〈名・形動〉	危险⇔あんぜん〔安全〕
きこう ⓪【気候】〈名〉	气候
きこえる ⓪【聞こえる】〈自下一〉	听得见，能听见；听起来觉得；闻名，著名
きこく ⓪【帰国】◆〈名・サ変〉	回国，归国
きじ ①【記事】◆〈名〉	新闻，消息，报道
ぎし ①【技師】▲〈名〉	工程师，技师
きしゃ ①②【記者】◆〈名〉	记者

きしゃ ②【汽車】〈名〉	火车，列车
きしゅく ⓪【寄宿】◆〈名・サ変〉	寄宿，住宿
ぎじゅつ ①【技術】〈名〉	技术，工艺
きず ⓪【傷】〈名〉	伤，创伤；瑕疵；缺陷，毛病
きずつける ④【傷付ける】◆〈他下一〉	伤，弄伤；败坏，伤害
きせつ ②①【季節】〈名〉	季节 ⇒シーズン
きそく ①②【規則】〈名〉	规则，规章
きた ⓪②【北】〈名〉	北，北方⇔みなみ 南→ひがし 東→にし 西
きたい ⓪【期待】〈名・サ変〉	期待，期望
きたない ③【汚い】〈形〉	脏的，肮脏的；卑鄙的，卑劣的；（看上去）杂乱无章的；猥亵的，下流的；吝啬的，小气的
きちんと ②▲〈副・サ変〉	整洁，干净；正确，恰当；好好地，牢牢地
きづかう ③【気遣う】◆〈他五〉	担心，惦念
きっかけ ⓪【切っ掛け】〈名〉	起始，开端；机会，时机
きづく ②【気付く】〈自五〉	注意到；发觉，察觉；意识到，认识到，想到
きっさてん ⓪③【喫茶店】〈名〉	茶馆，咖啡馆
きって ⓪【切手】〈名〉	邮票；购物券
きっと ③〈副〉	一定，必定
きっぷ ⓪【切符】〈名〉	票，券
きぬ ①【絹】〈名〉	丝绸，丝织品；（蚕）丝
きねん ⓪【記念】〈名・サ変〉	纪念
きのう ②【昨日】◆〈名〉	昨天
きのどく ④③【気の毒】▲〈名・形動〉	可怜，可悯；可悲，悲惨；可惜，遗憾；对不起，过意不去
きびしい ③【厳しい】〈形〉	严厉，严格的；严重，严峻的；严酷，残酷的；严肃的

【真題】「この冬は、寒さが＿＿＿＿ですね。」「ええ、本当に寒いですね。」

    A. つよい   B. ふかい   C. はげしい   D. きびしい

答案　D

解析　「厳しい」在这里表示"（程度）严重"的意思。

きぶん ①【気分】〈名〉　　　　　　　　　心情，情绪；气氛，空气；舒服，舒适

きぼう ◎【希望】〈名・サ変〉　　　　　　希望，期望

きまる ◎【決まる】〈自五〉　　　　　　　决定；规定；必定，肯定；注定

きみ ◎【君】◆〈名・代〉　　　　　　　　你；主人；国君

きめる ◎【決める】〈他下一〉　　　　　　决定；规定，制定；选定；约定；断定

きもち ◎【気持ち】〈名〉　　　　　　　　感受，心情；精神状态，胸怀

【真題】「これは_____だけですが、ぜひお受け取りください。」
　　　　「ありがとうございます。」
　　　A. 都合　　　　　　B. 気持ち　　　　　C. 気分　　　　D. 具合
　答案　B
　解析　「気持ち」在这里是"心意"的意思。其他选项的意思：A 情况；C 情绪；
　　　　D 状态。
　翻译　"这只是一点心意，请一定收下。""谢谢！"

きもの ◎【着物】〈名〉　　　　　　　　　衣服，衣着；和服

きゃく ◎【客】〈名〉　　　　　　　　　　客人；顾客，主顾

きゅうけい ◎【休憩】〈名・サ変〉　　　　休息，歇

きゅうこう ◎【急行】▲〈名・サ変〉　　　快车；急往，赶赴

きゅうしゅう ◎【吸収】◆　　　　　　　吸收，吸取
〈名・サ変〉

きゅうに ◎【急に】▲〈副〉　　　　　　　忽然，突然，骤然，急忙

ぎゅうにく ◎【牛肉】〈名〉　　　　　　　牛肉

ぎゅうにゅう◎【牛乳】〈名〉　　　　　　牛奶 ⇒ミルク

きゅうりょう ①【給料】〈名〉　　　　　　工资，薪水

きゅうれき ◎【旧暦】▲〈名〉　　　　　　旧历，阴历，农历

きょう ①【今日】◆〈名〉　　　　　　　　今天

きょういく ◎【教育】〈名・サ変〉　　　　教育

きょういん ◎【教員】◆〈名〉　　　　　　教员，教师

きょうかしょ③【教科書】▲〈名〉　　　　教科书，课本

きょうぎ ①【競技】〈名・サ変〉　　　　　竞赛，体育比赛

きょうくん ◎【教訓】◆〈名・サ変〉　　　教训

きょうざい ◎【教材】◆〈名〉　　　　　　教材

きょうし ①【教師】〈名〉　　　　　　　　教师

ぎょうじ ①⓪【行事】◆〈名〉	仪式，活动	
きょうしつ ⓪【教室】〈名〉	教室；讲习所，学习班	
ぎょうしゃ ①【業者】◆〈名〉	工商业者	
きょうそう ⓪【競争】〈名・サ変〉	竞争	
きょうだい ①【兄弟】〈名〉	兄弟，姐妹⇔姉妹「しまい」	
きょうつう ⓪【共通】◆〈名・形動〉	共通，共同	
きょうみ ①【興味】〈名〉	兴味，趣味，兴致	
きょうみぶかい ⑤【興味深い】◆〈形〉	很有兴趣的，颇有意思的	
きょうりょく ⓪【協力】〈名・サ変〉	协作，合作	
ぎょかいるい ②【魚介類】◆〈名〉	鱼贝类，水产	
きょく ①⓪【曲】〈名〉	歌曲，乐曲；曲子，曲调；趣味，风趣	
きょく ①【局】◆〈名〉	局；(邮政、广播、电视) 局，台；(棋) 局	
ぎょそん ⓪【漁村】◆〈名〉	渔村	
きょてん ⓪【拠点】◆〈名〉	据点	
きょねん ①【去年】◆〈名〉	去年	
	→おととし 一昨年〔前年〕→らいねん〔明年〕	
きょり ①【距離】〈名〉	距离	
きらい ⓪【嫌い】〈名・形動〉	厌恶，讨厌；有……之嫌；区别，区分⇔好き〔喜欢〕	
きる ⓪【着る】〈他上一〉	穿；承受，承担	
きる ①【切る・斬る】〈他五〉	切，割；断绝；切伤，划伤	
きれい ①【綺麗】〈形動〉	洁净，干净；美丽，漂亮；彻底，完全	
きろく ⓪【記録】〈名・サ変〉	记载，记录；(比赛等成绩) 记录	
きわめて ②【極めて】▲〈副〉	极其，极为，非常	
きん ①【金】▲〈名〉	金，黄金，金子；金钱；金色，金黄色；星期五	
ぎん ①【銀】▲〈名〉	银	
きんぎょ ①【金魚】▲〈名〉	金鱼	
ぎんこう ⓪【銀行】〈名〉	银行	
きんし ⓪【禁止】◆〈名・サ変〉	禁止	
きんじょ ①【近所】〈名〉	邻居，近邻；附近	
きんだい ①【近代】◆〈名〉	近代	
きんちょう ⓪【緊張】▲〈名・サ変〉	紧张；恶化	

きんべん ⓪【勤勉】▲〈名・形動〉 勤勉，勤劳，勤奋

きんむ ①【勤務】◆〈名・サ変〉 工作，上班

きんようび ③【金曜日】◆〈名〉 星期五
→月曜日〔星期一〕→火曜日〔星期二〕
→水曜日〔星期三〕→木曜日〔星期四〕
→土曜日〔星期六〕→日曜日〔星期日〕

きんよく ⓪【禁欲】◆〈名・サ変〉 禁欲，节欲

く

ぐあい ⓪【具合】〈名〉 情况，状态；健康状况；方便，合适

くうき ①【空気】〈名〉 空气；气氛

くうこう ⓪【空港】〈名〉 机场

くぎ ⓪【釘】▲〈名〉 钉，钉子

くさ ②【草】〈名〉 草

くずす ②【崩す】▲〈他五〉 拆，拆毁，拆散；打乱，搅乱；换成零钱；
喜笑颜开

くすり ⓪【薬】〈名〉 药，药品；釉子；火药

ください ③【下さい】◆ 请给（我）；请
〈連語・補動〉

くださる ③【下さる】〈他五・補動〉 送给（我）；承蒙给我

くだもの ②【果物】〈名〉 水果

くだる ⓪【下る】▲〈自五〉 下，下去；下（命令），宣判；少于

くち ⓪【口】〈名〉 口，嘴；说话，言语；传闻；门；口味；
人口；工作

くつ ②【靴】〈名〉 鞋，靴

くつした ②④【靴下】〈名〉 袜子

くに ⓪【国】〈名〉 国，国家；国土，领土；家乡，老家；地
区，地方

くにぐに ②【国国】◆〈名〉 各国；各地

くばる ②【配る】〈他五〉 分配，分给；多方留神；部署，分派

くび ⓪【首】〈名〉 头，脑袋；职位，饭碗；撤职，解雇

くふう ⓪【工夫】〈名・サ変〉 设法，想办法，开动脑筋

くべつ ①【区別】〈名・サ変〉 区别，差异；辨别，分清

くみ ②【組】〈名〉	组
くみあわせる ⑤◎【組み合わせる】▲〈他下一〉	配合，编组；编在一起
くむ ①【組む】▲〈他五〉	合伙，联合；编，织；交叉搭成；编，造
くも ①【雲】〈名〉	云，云彩
くもる ②【曇る】〈自五〉	阴，阴天；模糊不清，朦胧；郁闷
くやしい ③【悔しい】▲〈形〉	令人懊悔的，令人气愤的；遗憾的，可惜的
くらい ◎【暗い】〈形〉	暗，昏暗的；发黑，发暗的；阴沉，不明朗 ⇔明るい
くらい ①◆〈副助〉	大约，大体上；一点点，微不足道；像……那样＝ぐらい
くらす ◎【暮らす】〈自・他五〉	生活，度日；消磨岁月，度过时光；整天（一直）……
くらべる ◎【比べる】〈他下一〉	比较，对比，对照
くりかえす ③◎【繰り返す】〈他五〉	反复，重复
くる ①【来る】〈カ変・補動〉	来，来到；由来，产生；一直……
くるしい ③【苦しい】〈形〉	痛苦，难受的，疼的；苦恼的，烦闷的；困难的，艰难

【真题】 _____ 山道だったが、最後までがんばって、やっと頂上に登った。
　　　A. たのしい　　　B. かなしい　　　C. くやしい　　　D. くるしい
　答案　D
　翻译　山路虽然难走，但我们坚持到最后，终于登上了山顶。

くるしむ ③【苦しむ】〈自五〉	感到痛苦，感到难受；烦恼，伤脑筋；苦于，难以
くるま ◎【車】〈名〉	车，汽车；轮，车轮
くれる ◎〈他下一・助動〉	给（我）；给（我）做
くれる ◎【暮れる】〈自下一〉	日暮，天黑；即将过去；不知如何是好
くろい ②【黒い】〈形〉	黑的，黑色的；褐色的，黝褐色的；肮脏的 ⇔白い
くろう ①【苦労】〈名・サ変・形動〉	辛苦，劳苦；担心，操心，操劳
くわえる ◎③【加える】▲〈他下一〉	加，加上；附加；加大；包括；加以，施加

くわしい ③【詳しい】〈形〉　　　　　　詳细的，详密的

くわわる ◎③【加わる】〈自五〉　　　　加上，添上；附加，添加；增长，增大；
　　　　　　　　　　　　　　　　　　参加，加入

くん【君】〈接尾〉　　　　　　　　　　君→さん→さま

くんれん ①【訓練】◆〈名・サ変〉　　　训练，培训

け

け ◎【毛】▲〈名〉　　　　　　　　　　毛；头发；羽毛；毛线；微末，细小

けいかく ◎【計画】〈名〉　　　　　　　计划，规划

けいき ◎【景気】〈名〉　　　　　　　　（经济）景气，商情；繁荣；精神旺盛

けいけん ◎【経験】〈名・サ変〉　　　　经验，体验

けいご ◎【敬語】◆〈名〉　　　　　　　敬语

けいこう ◎【傾向】▲〈名・サ変〉　　　倾向

けいざい ①【経済】〈名〉　　　　　　　经济；经济，节省

けいさつ ◎【警察】〈名〉　　　　　　　警察，警察署

けいさん ◎【計算】〈名・サ変〉　　　　计算，运算；考虑，估计

けいじばん ◎【掲示板】▲〈名〉　　　布告栏

げいじゅつ ◎【芸術】〈名〉　　　　　　艺术

けいたい ◎【携帯】◆〈名・サ変〉　　　携带；手机

けいたいでんわ ⑤【携帯電話】▲〈名〉手机

けが ②【怪我】〈名・サ変〉　　　　　　伤，受伤

けがす ②◎【汚す】◆〈他五〉　　　　弄脏，污染；玷辱，败坏；污辱，凌辱

げき ①【劇】〈名〉　　　　　　　　　　戏剧，剧，戏，戏曲

けさ ①【今朝】〈名〉　　　　　　　　　今朝，今天早晨

けしき ①◎【景色】〈名〉　　　　　　　景色，风景

けしゴム ◎【消しゴム】▲〈名〉　　　橡皮

げじゅん ◎【下旬】▲〈名〉　　　　　下旬
　　　　　　　　　　　　　　　　　　→上旬「じょうじゅん」
　　　　　　　　　　　　　　　　　　→中旬「ちゅうじゅん」

けしょう ②【化粧】▲〈名・サ変〉　　化妆，梳妆，打扮；装潢，装饰

けす ◎【消す】〈他五〉　　　　　　　熄灭，扑灭；关掉；勾销，抹去；驱散，
　　　　　　　　　　　　　　　　　　消除；干掉

けっか ◎【結果】▲〈名〉　　　　　　结果，结局；结实，结果

けっかん ⓪【欠陥】◆〈名〉	缺陷，毛病，缺点
けっきょく ④⓪【結局】▲〈名・副〉	最后，结果；到底，终究
けっこう ①⓪【結構】〈名・サ変・副・形動〉	构造，布局；好极了，不错；足够，可以；不用，不要；相当，很好地
けっこん ⓪【結婚】▲〈名・サ変〉	结婚
けっして ⓪【決して】〈副〉	决（不），绝对（不），断然（不）
けっしょう ⓪【決勝】◆〈名〉	决赛，决胜负
けっしん ①【決心】〈名・サ変〉	决心，决意
けっせき ⓪【欠席】〈名・サ変〉	缺席，缺课⇔出席「しゅっせき」
げつようび ③【月曜日】〈名〉	星期一
けつろん ⓪【結論】◆〈名・サ変〉	结论
けむり ⓪【煙】▲〈形〉	烟雾
けれども ①〈接〉	（表示转折关系）但是；没有特别的意义，仅仅表示前后话题的连接；作为终助词，表示谦逊的心情＝けれど
げん ①【元】▲〈名〉	（人民币）元
げんいん ⓪【原因】〈名〉	原因
けんか ⓪【喧嘩】〈名・サ変〉	吵嘴，吵架；打架
けんがく ⓪【見学】〈名・サ変〉	参观（学习）
げんかん ①【玄関】〈名〉	门口，正门
げんき ①【元気】〈名・形動〉	精神，朝气；健康，身体结实
けんきゅう ⓪【研究】〈名・サ変〉	研究
げんきん ③【現金】◆〈名・形動〉	现金；势利眼，唯利是图
けんこう ⓪【健康】〈名〉	健康
けんこく ⓪【建国】◆〈名・サ変〉	建国
けんさ ①【検査】〈名・サ変〉	检查，检验
げんざい ①【現在】◆〈名〉	现在，目前
けんじょうご ⓪【謙譲語】◆〈名〉	谦让语
げんしりょく ③【原子力】▲〈名〉	原子能，核能
けんせつ ⓪【建設】〈名・サ変〉	建设，修筑，修建
げんだいか ⓪【現代化】▲〈名・サ変〉	现代化
けんちく ⓪【建築】〈名・サ変〉	建筑，修建

けんとう ③【見当】〈名〉 估计；推测，猜测；预想，判断；方向，目标

げんば ⓪【現場】▲〈名〉 现场；工地

けんぶつ ⓪【見物】〈名・サ変〉 游览，参观；旁观，看热闹

こ

こ【個】〈接尾〉 （表示数量）个

こ ⓪【子】▲〈名・接頭〉 小孩，孩子；（动物）仔；子
⇔おや（親）〔父母；总〕

ご ①【語】〈名・接尾〉 单词；语言

こいぬ ⓪【子犬】◆〈名〉 小狗

ごう ①【号】〈名〉 期，号；别名，外号

こうい ①【好意】〈名〉 好意，美意；善意

こうい ①【行為】〈名〉 行为，举动

こうえん ⓪【公園】〈名〉 公园

こうか ①【効果】◆〈名〉 效果，功效

こうかい ①【後悔】〈名・サ変〉 后悔，懊悔

こうがい ⓪【公害】〈名〉 公害

ごうかく ⓪【合格】◆〈名・サ変〉 及格，考上；符合要求，合格

こうかん ⓪【交換】▲〈名・サ変〉 交换，互换；交易

こうき ①【後期】◆〈名〉 后期，后半期

こうきゅう ⓪【高級】◆〈名・形動〉 高级；高档

こうぎょう ①【工業】〈名〉 工业
→農業〔のうぎょう〕→商業〔しょうぎょう〕

こうきょうきょく ③【交響曲】▲〈名〉 交响曲

こうこう ⓪【高校】◆〈名〉 高中

こうこうせい③【高校生】〈名〉 高中生

こうこく ⓪【広告】▲〈名・サ変〉 广告
→コマーシャル〔（电视台播放）广告〕

こうさてん ⓪③【交差点】〈名〉 交叉点，十字路口

こうじ ①【工事】〈名・サ変〉 工程，施工

こうして ⓪〈副・接〉 这样；就这样

こうじょう ③【工場】〈名〉 工厂＝こうば

こうちゃ ⓪【紅茶】▲〈名〉	红茶
こうつう ⓪【交通】〈名・サ変〉	交通；交往，往来
こうてい ⓪【皇帝】▲〈名〉	皇帝
こうてい ⓪【校庭】〈名〉	校园，操场
こうどう ⓪【行動】▲〈名・サ変〉	行动，行为
こうはい ⓪【後輩】〈名〉	低年级同学；晚辈，后生
	⇔先輩「せんぱい」
こうはん ⓪【後半】◆〈名〉	后半
こうばん ⓪【交番】▲〈名・サ変〉	派出所，岗亭；交替，轮换
こうふく ⓪【幸福】▲〈名・形動〉	幸福⇔幸せ「しあわせ」
こうぶつ ①【好物】◆〈名〉	爱吃的东西
こうよう ⓪【紅葉】〈名・サ変〉	红叶，霜叶；变成红叶
こうりつ ⓪【公立】◆〈名〉	公立
	→国立「こくりつ」→私立「しりつ」
こうりゅう ⓪【交流】〈名・サ変〉	交流，往来
こえ ①【声】〈名〉	声，嗓音；声音，声响；语言，话
こえる ⓪【越える・超える】〈自下一〉	越过；超过，超出；胜过，超越；
こおり ⓪【氷】〈名〉	冰
こきゅう ⓪【呼吸】▲〈名・サ変〉	呼吸；步调，拍节；秘诀，窍门
こきょう ①【故郷】〈名〉	故乡，家乡，老家
こぐ ①【漕ぐ】▲〈他五〉	划（船），摇（橹）；蹬（自行车），荡（秋千）
こくご ⓪【国語】〈名〉	本国语言；国语（课）；语文；标准语，普通话
こくさい ⓪【国際】〈名〉	国际
こくど ①【国土】▲〈名〉	国土，领土，国家的土地
こくばん ⓪【黒板】〈名〉	黑板
こくみん ⓪【国民】〈名〉	国民
ごくろうさま ②【御苦労様】◆〈感〉	辛苦了
ここ ⓪◆〈代〉	这里，这儿；现在，最近→そこ〔那里〕→あそこ〔那里（比较远）〕→どこ〔哪里〕
ごご ①【午後】〈名〉	午后，下午⇔午前「ごぜん」
こころ ③②【心】〈名〉	心，精神；心肠；心胸，气度；心情，情绪；内心；心思
こころざし ⓪【志】▲〈名〉	志向，志愿；盛情，厚意；表达心意的礼品

こし ⓪【腰】▲〈名〉	腰；腰身；下半部
こしかける ④【腰掛ける】▲〈自下一〉	坐下
こじん ①【個人】▲〈名〉	个人
ごぜん ①【午前】〈名〉	上午，午前
こそ ①〈代〉	正是，就是；反而，却；正因为……才……
こだい ①【古代】▲〈名〉	古代
こたえ ②【答え】◆〈名〉	回答，应答；解答
こたえる ③②【答える】〈自下一〉	回答，答复；解答
ごちそう ⓪【御馳走】▲〈名〉	美食，佳肴
こちら ⓪◆〈代〉	这里，这儿；这个；这位；我，我们 →そちら〔那里〕→あちら〔那里（比较远）〕→どちら〔哪里〕
こづかい ①【小遣い】▲〈名〉	零钱，零用钱
こっち ③◆〈代〉	(「こちら」比较随便表达方式) 这里，这边，这儿；这个；我→そっち〔那里〕→あっち〔那里（比较远）〕→どっち〔哪里〕
こと ②【事】〈名〉	事，事情；事务，工作；大事件
ことし ⓪【今年】〈名〉	今年
ことば ③【言葉】〈名〉	话，语言；词语；说法，措词
こども ⓪【子供】〈名〉	自己的孩子；儿童，小孩儿；仔，崽 ⇔おとな「大人」
ことり ⓪【小鳥】▲〈名〉	小鸟
この ⓪〈連体〉	这，这个→その〔那个〕→あの〔那个（比较远）〕→どの〔哪个〕
このあいだ ⑤⓪【この間】◆〈名〉	最近，前几天
このごろ ⓪【この頃】〈名〉	近来，这些天来，最近
ごはん ①【ご飯】〈名〉	米饭；饭，餐
こまかい ③【細かい】〈形〉	细小的，零碎的；详细的，仔细的；细腻的
こまる ②【困る】〈自五〉	为难，难办；难受，苦恼；贫穷；不行，不可以
ごみ ②【塵・芥】〈名〉	垃圾，尘土
こみあう ③⓪【込み合う】◆〈自五〉	人多，拥挤

こむ ①【混む・込む】〈自五〉	人多，拥挤，混杂；费工夫，精致，复杂 ⇔空く	
こめ ②【米】▲〈名〉	稲米，大米，米	
こめる ②【込める】▲〈他下一〉	装填；包括在内，计算；集中（精力）	
ごめんなさい【御免なさい】◆〈連語〉	对不起	
ごらく ⓪【娯楽】◆〈名・サ変〉	娱乐	
これ ⓪〈代〉	这，这个；这么；现在→それ〔那个〕→ あれ〔那个（比较远）〕→どれ〔哪个〕	
これから ④⓪〈名〉	从现在起，今后；从这里起；从此	
ころ ①【頃】〈名〉	时候，时期；前后；时机	
ごろ【頃】〈接尾〉	……时分，……前后；正合适的时候	
ころがる ⓪【転がる】▲〈自五〉	滚转；倒下，躺下；随便摆放着＝転げる	
ころす ⓪【殺す】▲〈他五〉	杀死，弄死；抑制，忍住，消除 ⇔生かす〔留生路〕	
ころぶ ⓪【転ぶ】▲〈自五〉	滚，滚转；跌倒，摔倒；发展趋势	
こわい ②【怖い・恐い】〈形〉	害怕的，令人害怕的	
こわす ②【壊す】〈他五〉	弄坏，毁坏；损害，伤害；破坏	
こわれる ③【壊れる】〈自下一〉	坏，破；倒塌；出故障；失败	

【真题】地震で建物が＿＿＿＿＿＿＿。

　　　　A．こわしました　　　　　　B．こわれました
　　　　C．うごかしました　　　　　D．わかれました
　　答案　B
　　翻译　建筑物因为地震而倒塌了。

こんかい ①【今回】〈名〉	此次，这回	
こんご ⓪①【今後】〈名〉	今后，将来	
こんざつ ①【混雑】〈名・サ変〉	拥挤；混乱	
こんしゅう ⓪【今週】◆〈名〉	这个星期，本周	
こんど ①【今度】〈名〉	下次，下回；这次，最近	

【真题】この教訓を生かして＿＿＿＿＿＿＿こそ成功させよう。

　　　　A．一度　　　　B．二度　　　　　　C．今度　　　　　　D．何度
　　答案　C
　　翻译　汲取这个教训，下次一定使之成功。

こんな ⓪〈形動・連体〉	这样的，这么，如此→そんな〔那样的〕→あんな〔那样的〕→どんな〔怎样的〕
こんばん ①【今晩】〈名〉	今晚，今夜
こんや ①【今夜】◆〈名〉	今夜，今晚

さ

さ ⓪【差】◆〈名〉	差别，差异；差距；差数
さあ ①▲〈感〉	（表示催促）吧；（表示犹豫）呀；（表示鼓足干劲）嘿
さい【歳】◆〈接尾〉	岁
さいきん ⓪【最近】〈名〉	最近，近来
さいく ⓪③【細工】▲〈名〉	工艺品
さいげつ ①【歳月】▲〈名〉	岁月
さいご ①【最後】〈名〉	最后，最终⇔最初「さいしょ」
さいしょ ⓪【最初】〈名〉	最初，起初；第一个，第一次
ざいたく ⓪【在宅】◆〈名・サ変〉	在家
さいちゅう ⓪【最中】〈名・副〉	正在……中，正在……时候

【真题】食事の_____、仕事の話なんかしないでください。
　　　　A. 内に　　　B. 中に　　　C. 最中　　　D. 真中に
答案　C
解析　选项A「内に」既可以表示在"范围内"，也可以表示"趁……时候"；选项B「中に」表示"在……之中"；选项D「真中に」表示"在……正当中"。
翻译　吃饭的时候，请不要谈工作的事情。

さいのう ⓪【才能】〈名〉	才能，才干，才华
さいふ ⓪【財布】〈名〉	钱包，腰包
ざいりょう ③【材料】〈名〉	材料，原料；素材，题材；因素
さいわい ⓪【幸い】〈名・形動・副〉	幸福，幸运；有利，有帮助；幸而，幸亏
さえ ◆〈副助〉	连，甚至；除了……之外；不仅……而且；只要……就
さかさま ⓪【逆様】〈名・形動〉	逆，倒，颠倒，相反
さがす ⓪【探す・捜す】〈他五〉	找，寻找；搜查，搜寻；寻求，追求

さかな ⓪【魚】〈名〉	鱼
さがる ②【下がる】〈自五〉	下降，降落；往后退⇔上がる
さかん ⓪【盛ん】〈形動〉	繁盛，繁荣；盛大，热烈；频繁，多次
さき ⓪【先】〈名〉	尖端，尖儿；前头，最前部；前方，前面
	⇔のち「後」
さぎょう ①【作業】▲〈名・サ変〉	工作，作业；操作，劳动
さく ⓪【咲く】〈自五〉	(花) 开⇔散る「ちる」〔凋谢〕
さくしゃ ①【作者】〈名〉	作者
さくねん ⓪【昨年】〈名〉	去年
さくぶん ⓪【作文】〈名〉	作文,(写) 文章
さくもつ ②【作物】〈名〉	作物，农作物，庄稼
さくら ⓪【桜】〈名〉	樱花，樱花树；(扮成顾客引诱别人上当)
	引诱者；假捧场的人
さけ ⓪【酒】▲〈名〉	酒
さけぶ ②【叫ぶ】〈自・他五〉	大声叫，喊叫，呼喊；呼吁
さける ②【避ける】〈自・他下一〉	避，避开；躲避，逃避
さげる ②【下げる】〈他下一〉	降低，降下；吊，悬，挂，佩戴；提，挎；
	使后退，向后移动；撤，撤下⇔上げる
ささえる ⓪③【支える】〈他下一〉	支，支撑；扶；维持；阻止，顶住
さしあげる ⓪④【差し支える】▲	举，举起；(「与える」「やる」的谦让语)
〈他下一〉	给 (别人)；帮 (别人)⇔いただく
さしみ ③【刺身】〈名〉	生鱼片
さす ①【差す】〈自他五〉	(潮) 上涨；透露，泛出，呈现；(感情等)
	发生，起；(伞) 打，撑，举；佩带 (刀)
さす ①【刺す】▲〈他五〉	刺，扎；穿；(毒虫) 螫，蜇；(蚊)
	叮，咬
さす ①【指す】〈他五〉	指，指示；指名，指定；朝，往
さそう ⓪【誘う】◆〈他五〉	邀请；劝诱；引诱，勾引
さつ ⓪【札】▲〈名・接尾〉	纸币，钞票
さつ【冊】〈接尾〉	(用来数书、杂志、笔记本等) 册
さっき ①【先】〈名〉	刚才，方才
さっきょくか ⓪【作曲家】▲〈名〉	作曲家
ざっし ⓪【雑誌】〈名〉	杂志，期刊
さっそく ⓪【早速】〈名・形動〉	立刻，马上，赶紧

さっぱり ③〈副・サ変〉　　　　　　　　整洁，利落，潇洒；直爽，坦率，淡泊；
　　　　　　　　　　　　　　　　　　爽快，痛快；清淡，不油腻；不好，糟糕；
　　　　　　　　　　　　　　　　　　完全，全部，彻底；完全（不），丝毫，一
　　　　　　　　　　　　　　　　　　点也（不）

【真題】彼の言っていることはいくら聞いても＿＿＿＿＿分からない。
　　　　　A．さっぱり　　　B．しっかり　　　C．ゆっくり　　　D．かなり
　答案　A
　解析　「さっぱり」在这里是"完全不"的意思。其他选项的意思：B 紧紧地，牢
　　　　牢地；C 慢慢地；D 相当，颇为。
　翻译　他说的话怎么听也听不明白。

【真題】彼は急に怒って帰ってしまった。私たちは何か何だか＿＿＿＿＿分から
　　　　なかった。
　　　　　A．さっぱり　　　　B．すっかり　　　C．ゆっくり　　　D．しっかり
　答案　A
　解析　「さっぱり」在这里是"完全不"的意思。其他选项的意思：B 全，都；C
　　　　慢慢地；D 紧紧地。
　翻译　他突然生气走了。我们根本没有弄清是怎么回事。

さて ▲〈感・接続〉　　　　　　　　　那么，就，却说；呀，那可
さとう ②【砂糖】〈名〉　　　　　　　砂糖，糖
さびしい ③【寂しい】〈形〉　　　　　（觉得）寂寞的，孤单的，无聊的；荒凉的，
　　　　　　　　　　　　　　　　　　凄凉的，冷清的，空寂的；觉得不满足的，
　　　　　　　　　　　　　　　　　　空虚的

さま ②【様】〈名・代・接尾〉　　　　　样子，状况；姿势，姿态；先生，女士
さまざま ②【様々】〈名・形動〉　　　种种，各种各样，形形色色
さむい ②【寒い】〈形〉　　　　　　　冷的，寒冷的；寒碜的，简陋的，破旧的
　　　　　　　　　　　　　　　　　　⇔暑い

さめる ②【覚める・醒める】▲　　　醒，醒过来；觉醒，醒悟
〈自下一〉

さめる ②【冷める】◆〈自下一〉　　　变冷，凉；（热情）减低，减退
さらに ①【更に】◆〈副・接続〉　　　更，更加，越发；并且；重新，再；丝毫
　　　　　　　　　　　　　　　　　　（不）

さる ①【去る】〈自・他五〉	离去，离开；过去，经过；结束，消失；距离，去
〈他動〉	去掉，消除；完全……掉
さわがしい ④【騒がしい】▲〈形〉	吵闹的，嘈杂的；骚然的，不稳的；议论纷纷的
さわぐ ②【騒ぐ】〈自五〉	吵，吵闹，吵嚷；慌张；激动，兴奋不安；骚动，闹事，显出不稳；极力称赞，吹捧
さわやか ②【爽やか】〈形動〉	清爽，爽朗；爽快；清楚，鲜明
さわる ⓪【触る】〈自五〉	触，碰，摸；触怒，触犯；参与
さん〈接尾〉	（接在人名等之后表示轻微的敬意或亲近的意思）先生，女士，同志，老……；（接在寒暄语等之后增加郑重和亲切的语气）
さんか ⓪【参加】〈名・サ変〉	参加，加入
さんこう ⓪【参考】◆〈名・サ変〉	参考，借鉴
さんこうしょ ⑤⓪【参考書】▲〈名〉	参考书
さんしゅのじんぎ ⑤【三種の神器】◆	代表皇位的三种宝物；三种代表性的必需品
さんせい ⓪【賛成】〈名・サ変〉	赞成，同意⇔反对「はんたい」
ざんねん ③【残念】〈名・形動〉	遗憾，可惜
さんぽ ⓪【散歩】〈名・サ変〉	散步，溜达

し

じ ①【字】〈名〉	字，文字；字体，笔迹
しあい ⓪【試合】〈名・サ変〉	比赛
しあわせ ⓪【幸せ】〈名・形動〉	幸福；幸运，运气 ⇒幸福「こうふく」
しお ①【塩】〈名〉	盐，食盐；咸，咸度
しかし ②〈接続〉	但是，可是；不过

【真題】今は何もできませんが、＿＿＿＿＿将来必ずこの恩はお返しします。

　　　　A. それに　　　　B. だから　　　　C. そして　　　　D. しかし

答案　D

解析　前句中的"什么都做不了"和后句中的"报恩"形成相反的对照关系，所以要用表示转折的「しかし」。

しかた ⓪【仕方】〈名〉	做法，做的方法；办法；手势
しかも ②【然も】▲〈接続〉	而，而且，并且；而，但，却
しかりつける ⑤【叱り付ける】◆〈他下一〉	斥责，狠狠地申斥
しかる ⓪②【叱る】〈他五〉	斥责，申斥，责备，批评
じかん ⓪【時間】〈名〉	时间
しき ①②【四季】〈名〉	四季→はる春→なつ夏→あき秋→ふゆ冬
しき ①②【式】〈名〉	仪式，典礼；方式，风格；算式，公式
じき ①【時期】◆〈名〉	时期，时候
じぎょう ①【事業】▲〈名〉	事业；企业，实业
しく ⓪【敷く】◆〈他五〉	铺，铺上，垫上；发布；铺设
しげき ⓪【刺激】◆〈名・サ変〉	（物理的、生理）刺激；（心理上）刺激，使兴奋
しけん ②【試験】〈名・サ変〉	考试，测验；试验，检验
しげん ①【資源】〈名〉	资源
じけん ①【事件】◆〈名〉	事件；案件
じこ ①【事故】〈名〉	事故，故障；事情，事由
しごと ⓪【仕事】〈名〉	工作，活儿；职业；业绩，成就
じじつ ①【事実】◆〈名〉	事实，真实
じしょ ①【辞書】〈名〉	字典；词典，辞典
じしん ⓪【自信】〈名・サ変〉	自信，信心
じしん ⓪【地震】〈名〉	地震，地动
しずか ①【静か】〈形動〉	静，安静；平静，平稳；轻轻，悄悄地 ↔賑やか〔热闹〕
しずむ ⓪【沈む】〈自五〉	沉下，降下；沉没；消沉
じせい ⓪【自制】◆〈名・サ変〉	自制，自我克制
しせつ ①②【施設】〈名〉	设施，设备
しぜん ⓪【自然】〈名・形動・副〉	大自然；不做作，自然地；自然而然，不由自主
した ⓪【下】〈名〉	下面，下边；里面，里边；低，差；年纪小；预先，事先
じだい ⓪【時代】〈名〉	时代
したがう ⓪③【従う】〈自五〉	跟，跟随；服从，遵从，顺从；按照，根；伴随，随着；仿效，仿照

したく ⓪【支度・仕度】〈名・サ変〉	准备，预备；打扮，装束
じたく ⓪【自宅】◆〈名〉	自己的住宅，家里
したしい ③【親しい】◆〈形〉	亲近的，亲密的，亲切的
したしみ ⓪④【親しみ】〈名〉	亲密感，亲切感，亲近
したしむ ③【親しむ】〈自五〉	亲切，亲密；接近，接触；爱好，喜好
しっかり ③〈副・サ変〉	紧紧地，牢牢地；牢固，坚固，坚定；可靠，可信；好好地，牢牢地；充分地

【真題】この傘の骨は＿＿＿＿＿＿＿しているので、風がどんなに強くても大丈夫だ。

    A．かなり   B．しっかり   C．きちんと   D．わざと

答案　B

解析　「しっかり」在这里是"牢固"的意思。其他选项的意思：A 相当；C 整齐；D 故意。

翻译　这把伞的骨架很结实，不管风多大都没有关系。

じっけん ⓪【実験】〈名・サ変〉	实验
じつげん ⓪【実現】〈名・サ変〉	实现
じっさい ⓪【実際】〈名・副〉	实际，事实；的确，真的
じっせん ⓪【実践】▲〈名・サ変〉	实践
じっと ⓪▲〈副・サ変〉	保持稳定；一动不动；凝神，聚精会神；一声不响地
じつは ②【実は】〈副〉	说真地，老实说
しっぱい ⓪【失敗】〈名・サ変〉	失败，没做好⇔成功「せいこう」
しつもん ⓪【質問】〈名・サ変〉	提问，询问；质疑
しつれい ②【失礼】〈名・形動・サ変・感〉	失礼，不礼貌；对不起，请原谅；再见
じてんしゃ ②⓪【自転車】〈名〉	自行车
しどう ⓪【指導】▲〈名・サ変〉	指导；教导；领导
じどうしゃ ②⓪【自動車】〈名〉	汽车
しない ①【市内】▲〈名〉	市内
しなもの ⓪【品物】〈名〉	物品，东西；商品，货物
しぬ ⓪【死ぬ】〈自五〉	死亡；废置，休止；无生气⇔生まれる〔出生〕⇔生きる〔生存〕
しはい ①【支配】〈名・サ変〉	支配，统治，控制；影响，左右

しばふ ①【芝生】▲〈名〉	草坪，矮草地	
しばらく ②【暫く】〈副・サ変〉	暂时，暂且，一会儿；半天，许久，好久	
じぶん ⓪【自分】〈代〉	自己，自身，本人；我	
しぼる ②【絞る】▲〈他五〉	榨，拧，挤，绞；绞尽脑汁；勒索，敲诈；严加责备	
しま ②【島】〈名〉	岛，岛屿；某一狭窄地区	
しまぐに ②【島国】〈名〉	岛国	
しまる ②【閉まる・締まる】▲〈自五〉	关闭，紧闭；系紧，严紧；紧张⟷閉める	
じまん ⓪【自慢】〈名・サ変〉	自夸，自大，骄傲，得意	
しめる ②【占める】〈他下一〉	占，占有；占领，占据	
しめる ②【閉める・締める】〈他下一〉	关闭，合上；勒紧，系紧；节约	
しや ①【視野】〈名〉	视野；眼光，眼界；见识	
しゃいん ①【社員】◆〈名〉	员工，职工	
しゃかい ①【社会】〈名〉	社会，世间；(某)域，领域	
じゃがいも ⓪【じゃが芋】▲〈名〉	马铃薯，土豆	
しゃざい ⓪【謝罪】◆〈名・サ変〉	谢罪，赔罪，道歉	
しゃしん ⓪【写真】〈名〉	照片，相片；照相，摄影	
しゃちょう ⓪【社長】◆〈名〉	总经理	
しゃっきん ③【借金】◆〈名・サ変〉	借钱，借款；欠款，负债	
しゃどう ⓪【車道】〈名〉	车道，车行道⟷歩道「ほどう」〔人行道〕	
しゃべる ②【喋る】〈自・他五〉	说，讲；说出，泄漏；喋喋不休，饶舌，能说会道	
じゃま ⓪【邪魔】〈名・サ変・形動〉	妨碍，阻碍；干扰，打搅；拜访	
じゅう ①【中】〈接尾〉	其间，中间，之内	
じゆう ②【自由】〈名・形動〉	自由；随便，随意	
しゅうい ①【周囲】◆〈名〉	周围，四周	
しゅうかん ⓪【習慣】〈名〉	习惯，习俗，风俗	
しゅうかん ⓪【週間】◆〈名〉	(一个)星期,(一)周	
しゅうきょう ①【宗教】〈名〉	宗教	
しゅうごう ⓪【集合】▲〈名・サ変〉	集合；(数)集合	
じゅうし ①⓪【重視】◆〈名・サ変〉	重视	
しゅうしゅう ⓪【収集】▲〈名・サ変〉	收集，收藏	
じゅうしょ ①【住所】〈名〉	住址，地址；住所	

しゅうだん ⓪【集団】◆〈名〉	集团，集体
しゅうてん ⓪【終点】◆〈名〉	终点；（汽车、电车的）终点站
じゅうてん ③⓪【重点】◆〈名〉	重点
じゅうぶん ③【十分・充分】〈名・形動・副〉	十分，充足，足够
しゅうへん ⓪【周辺】◆〈名〉	周边，四周
じゅうよう ⓪【重要】〈名・形動〉	重要，要紧
しゅうり ①【修理】◆〈名・サ変〉	修理，修缮
じゅぎょう ①【授業】〈名・サ変〉	授课，上课，讲课
しゅくだい ⓪【宿題】〈名〉	课外作业；有待将来解决的问题
しゅじん ①【主人】▲〈名〉	丈夫；老板，店主；主人
しゅっせき ⓪【出席】〈名・サ変〉	出席，参加
しゅっちょう ⓪【出張】▲〈名・サ変〉	出差，因公前往
しゅっぱつ ⓪【出発】〈名・サ変〉	出发，启程；开头，开始
しゅと ①②【首都】〈名〉	首都，京师，京城
しゅみ ①【趣味】〈名〉	爱好，喜好；趣味
しゅるい ①【種類】〈名〉	种类，类
しゅんかん ⓪【瞬間】◆〈名〉	瞬间，转眼，刹那，顷刻
じゅんび ①【準備】〈名・サ変〉	准备，预备
じょう ①【上】〈名・接尾〉	上等的，最好的；上卷；在……方面

【真题】仕事の必要＿＿＿＿、英語を勉強するのです。

　　　A. 上　　　　B. 中　　　　C. 最中　　　　D. 下
　答案　A
　翻译　因为工作需要而学习英语。

しよう ⓪【使用】◆〈名・サ変〉	使用
じょうえい ⓪【上映】▲〈名・サ変〉	上映，放映
しょうか ⓪【消化】〈名・サ変〉	消化；理解，掌握；销售；处理；用完
しょうかい ⓪【紹介】〈名・サ変〉	介绍
しょうがくせい ③④【小学生】◆〈名〉	小学生
しょうがつ ④【正月】〈名〉	正月；新年
じょうぎ ①【定規】▲〈名〉	尺，规尺；尺度，标准

じょうけん ③【条件】〈名〉	条件；条文，条款
しょうじ ⓪【障子】〈名〉	（用木框糊纸的）拉窗，拉门
じょうし ①【上司】◆〈名〉	上司，上级⇔部下「ぶか」
しょうじき ③④【正直】〈名・形動・副〉	正直，老实
じょうじゅん ⓪【上旬】◆〈名〉	上旬
しょうじょ ①【少女】▲〈名〉	少女，小姑娘→少年「しょうねん」
じょうしょう⓪【上昇】〈名・サ変〉	上升，上涨 ⇔下降「かこう」⇔低下「ていか」
じょうず ③【上手】〈名・形動〉	好，高明；擅长，善于；能手；善于奉承 ⇔下手
しょうせつ ⓪【小説】〈名〉	小说
じょうたい ⓪【状態】◆〈名〉	状态，情形
じょうだん ③【冗談】▲〈名〉	玩笑，戏言，笑话
しょうち ⓪【承知】▲〈名・サ変〉	知道，明白，清楚；同意，答应；许可， 允许
しょうてん ①【商店】◆〈名〉	商店
しょうねん ⓪【少年】〈名〉	少年
しょうひ ⓪【消費】◆〈名・サ変〉	消费；耗费
しょうひん ①【商品】◆〈名〉	商品
じょうぶ ⓪【丈夫】〈形動〉	健康，健壮；结实
じょうほう ⓪【情報】◆〈名〉	消息，信息，资讯；情报
しょうみ ①【賞味】◆〈名〉	品尝味道
しょうめい ⓪【照明】◆〈名〉	照明，照亮
しょうゆ ⓪【醤油】▲〈名〉	酱油
しょうらい ①【将来】〈名〉	将来，未来，前途
しょうりゃく ⓪【省略】◆〈名・サ変〉	省略
しょくぎょう ②【職業】〈名〉	职业
しょくじ ⓪【食事】〈名・サ変〉	饭，餐，进餐
しょくたく ⓪【食卓】◆〈名〉	餐桌，饭桌
しょくどう ⓪【食堂】〈名〉	食堂；饭馆，餐厅
しょくば ⓪③【職場】〈名〉	职场，工作单位
しょくひん ⓪【食品】〈名〉	食品
しょくぶつ ②【植物】〈名〉	植物
しょくりょう ②【食料】▲〈名〉	食品，食物

じょし ①【女子】〈名〉 女孩子，姑娘；女子，妇女
⇔男子「だんし」

じょせい ⓪【女性】〈名〉 女性，妇女，女子⇔男性「だんせい」

しょっき ⓪【食器】▲〈名〉 餐具，食器，碗筷

しらせ ⓪【知らせ】〈名〉 通知，消息

しらせる ⓪【知らせる】〈他下一〉 通知，告诉

しらべる ③【調べる】〈他下一〉 调查，检查；查阅；审问，审讯

しりあう ③【知り合う】▲〈自五〉 认识，结识；互相了解

しりょう ①【資料】◆〈名〉 资料

しる ⓪【知る】〈他五〉 知道，知晓；了解，知道；理解，认识

しるし ⓪【印】〈名〉 记号；标识，象征

しろい ②【白い】〈形〉 白色的；空白的；洁白的，干净的⇔黒い

しわ ⓪【皺】▲〈名〉 皱纹；褶皱

じん ①【人】〈名・接尾〉 人；……人（表示所属）

しんがく ⓪【進学】◆〈名・サ変〉 升学

じんかく ⓪【人格】◆〈名〉 人格，人品

しんかんせん ③【新幹線】◆〈名〉 新干线

しんけん ⓪【真剣】▲〈名・形動〉 认真，正经；真刀，真剑

しんごう ⓪【信号】▲〈名〉 红绿灯，信号灯；信号，暗号

じんこう ⓪【人口】〈名〉 人口

しんさつ ⓪【診察】〈名・サ変〉 看病，诊察，诊断

しんしつ ⓪【寝室】▲〈名〉 寝室，卧室

しんじる ③【信じる】〈他下一〉 信，相信；确信，深信＝信ずる

じんせい ①【人生】◆〈名〉 人生

しんせつ ①【親切】▲〈名・形動〉 热情，热心，亲切；好意，善意

しんせん ⓪【新鮮】〈形動〉 新鲜；清新

しんぞう ⓪【心臓】▲〈名〉 心脏，心；胆量

しんちょう ⓪【身長】▲〈名〉 身高，身长→たいじゅう「体重」

しんにゅう ⓪【新入】◆〈名〉 新来（的人），新加入（的人）

しんねん ①【新年】〈名〉 新年，正月

しんぱい ⓪【心配】〈名・サ変・形動〉 担心，挂念；操心，费心

じんぶつ ①【人物】▲〈名〉 人，人物；人品，为人；人才

しんぶん ⓪【新聞】〈名〉 报纸

しんぽ ①【進歩】〈名・サ変〉		进步，长进
しんゆう ⓪【親友】〈名〉		好朋友，挚友
しんよう ⓪【信用】〈名・サ変〉		相信，信任，信赖；信誉，信用
しんり ①【心理】◆〈名〉		心理
じんるい ①【人類】〈名〉		人类

す

す ①【酢】〈名〉		醋
す ①⓪【巣】〈名〉		巣，穴，窝；巢穴，贼窝；家庭
ず ⓪【図】◆〈名〉		图，图表
すいえい ⓪【水泳】〈名・サ変〉		游泳，泅水
すいか ⓪【西瓜】〈名〉		西瓜
すいじょうき ③【水蒸気】◆〈名〉		水蒸气
すいどう ⓪【水道】〈名〉		自来水（管）；航道，航路
ずいぶん ①【随分】◆〈副・形動〉		非常，很；颇，相当；过分，不像话
すいみん ⓪【睡眠】◆〈名〉		睡眠
すう ⓪【吸う】〈他五〉		吸，吸入；吮，吮吸；吸收⇔吐く「はく」
すうがく ⓪【数学】〈名〉		数学
すがた ①【姿】〈名〉		姿势；外观，打扮；状况，情况；物体的形状；身影
すき ②【好き】〈名・形動〉		喜好，喜爱；喜欢，嗜好；随便，任意⇔嫌い〔讨厌〕
すぎ ②【過】〈接尾〉		超过，开外；过度，过分
すききらい ②③【好き嫌い】▲〈名・サ変〉		好恶，喜好和厌恶；挑剔
すぎる ②【過ぎる】〈自上一〉		过度，过多；过，经过；过去，消逝

【真題】この間の旅行は、時間が_____のを忘れるほど楽しかった。

    A. 過ごす   B. 過ぎる   C. 通す   D. 通る

答案　B

翻译　上次的旅行很开心，都忘记了时间的流逝。

すく ⓪【空く】▲〈自五〉	少，空旷；有空隙；空闲⇔込む「こむ」	
すぐ ①【直ぐ】〈副〉	马上，立刻	
すくう ⓪【救う】〈他五〉	救，拯救，挽救；救护；救济，赈济	
すくない ③【少ない】〈形〉	少的，不多的⇔多い	
すぐれる ③【優れる】〈自下一〉	出色，优越，优秀，杰出；（身体、精神、天气）好，爽朗	
すごい ②【凄い】〈形〉	厉害的，非常的；令人害怕的；了不起	
すこし ②【少し】〈副〉	少许，一点，一些，稍微	
すこしも ②⓪【少しも】〈副〉	一点也（不），丝毫也（不）	
すごす ②【過ごす】〈他五〉	过，度过；生活，过活；过度，过量	
すし ①②【寿司・鮨・鮓】▲〈名〉	寿司	
すずしい ③【涼しい】〈形〉	凉爽的，凉快的；明亮的，清澈的	
すすむ ⓪【進む】〈自五〉	进，前进；发展，进步；进展，发展；主动，自愿	
すすめ ⓪【勧め・薦め】◆〈名〉	建议，推荐；劝诱，劝告	
すすめる ⓪【勧める・薦める】〈他下一〉	建议，推荐；劝诱，劝告；劝，进	
すすめる ⓪【進める】〈他下一〉	前进，前往；进行，推进；促进	
ずつ ◆〈副助〉	每，各	
すっかり ③〈副〉	全，都；完全，全部；已经	

答案　B

翻译　带的钱全都花掉了，连礼物也没能买。

【真题】病気が_____治ったら、また、仕事に戻ります。
　　　　A. はっきり　　　B. すっかり　　　C. しっかり　　　D. ゆっくり
答案　B

翻译　病完全治好了，还会回去工作。

すっきり ③◆〈副・サ変〉	舒畅，痛快；流畅，整洁
ずっと ⓪〈副〉	更，……得多；一直，很久，远远
すっぱい ③【酸っぱい】▲〈形〉	酸的
すてき ⓪【素敵】▲〈形動〉	出色，非常好；漂亮
すでに ①【既に】◆〈副〉	已经，业已
すてる ⓪【捨てる・棄てる】〈他下一〉	扔掉，放弃，不顾，不理；抛弃，丢弃
すねる ②【拗ねる】◆〈自下一〉	闹别扭，任性，乖戾
すばらしい ④【素晴らしい】〈形〉	极好的，出色的，非常好的
すべて ①【全て】▲〈名・副〉	一切，全部，所有；总计，共计
すべる ②【滑る】〈自五〉	滑（冰、雪等）；滑溜，发滑；滑倒，溜倒；不及格，落第
すみ ①【隅・角】〈名〉	角，角落；偏僻处，边缘
ずみ【済み】◆〈接尾〉	已经……；……完了
すみません【済みません】◆〈連語〉	对不起，抱歉；麻烦你，劳驾；谢谢
すむ ①【済む】〈自五〉	完毕，结束；解决，了结；过得去，对得住
すむ ①【住む】〈自五〉	住，居住；栖息，生存
すもう ⓪【相撲】〈名〉	相扑，摔跤
する ⓪【為る】▲〈サ変〉	做，干，当；使……变成；有……的感觉；打算，准备；价值；假设，假定；经过；按……来看；即使……也
する ①【刷る】▲〈他五〉	印，印刷
ずるい ②【狡い】〈形〉	狡猾的
すると ⓪〈接続〉	于是；那么，那么说来

【真題】左のボタンを押してみた。＿＿＿＿＿テープがゆっくり回り始めた。

      A. そこで   B. すると   C. そして   D. それに

  答案 B

  翻译 试着按了左边的按钮，于是，磁带慢慢地转动起来了。

するどい ③【鋭い】〈形〉		锐利的，锋利的；尖锐的；敏锐的，灵敏的
すわる ◎【座る】〈自五〉		坐；正座；占据席位

せ

せ ①【背】〈名〉		背，背脊；背后；个头，身高
せい ①〈名〉		（带来消极结果的）原因，缘故；就怪……
せい【製】〈語素〉		制造，制品；产品
せいあつ ◎【制圧】◆〈名・サ変〉		压制，控制；镇压
せいおう ◎【西欧】◆〈名〉		欧洲，西方；西欧
せいかい ◎【正解】〈名〉		正确答案
せいかく ◎【性格】▲〈名〉		性格，性情；脾气；性质，特性
せいかく ◎【正確】◆〈名・形動〉		正确，准确
せいかつ ◎【生活】〈名・サ変〉		生活；生计
せいき ①【世紀】◆〈名〉		世纪
せいこう ◎【成功】〈名・サ変〉		成功
せいじ ◎【政治】〈名〉		政治
せいしつ ◎【性質】〈名〉		性质，特性；性格，性情
せいしん ①【精神】〈名〉		精神
せいせき ◎【成績】〈名〉		成绩，成果
せいと ①【生徒】〈名〉		学生；特指初中、高中生
せいど ①【制度】▲〈名〉		制度，规定
せいねん ◎【青年】◆〈名〉		青年，年轻人
せいひん ◎【製品】〈名〉		产品，制品
せいふく ◎【制服】▲〈名・サ変〉		制服
せいぶつ ①◎【生物】〈名〉		生物
せいめい ①【生命】〈名〉		生命，性命；命根子
せいよう ①【西洋】◆〈名〉		西洋
せいり ①【整理】〈名・サ変〉		整理，整顿；处理，清理；裁减

せかい ①【世界】〈名〉　　　　　世界；社会；环境

せき ①【席】◆〈名〉　　　　　座位，席位；宴席

せき ②【咳】▲〈名〉　　　　　咳嗽

せきがいせん ⓪【赤外線】〈名〉　　紅外线

せきたん ③【石炭】▲〈名〉　　　煤炭

せきゆ ⓪【石油】〈名〉　　　　　石油；灯油

せだい ①【世代】◆〈名〉　　　　一代，一辈

せっかく ④⓪【折角】〈副〉　　　特意，好（不）容易；难得；尽力，努力

せっきょくてき ⓪　　　　　　積极的⇔しょうきょくてき〔消极的〕
【積極的】〈形動〉

せっけい ⓪【設計】◆〈名・サ変〉　设计，规划

せっけん ⓪【石鹸】〈名〉　　　　肥皂，香皂

ぜったい ⓪【絶対】〈名・副〉　　　绝对；无条件地，一定

【真题】いっしょうけんめい勉強したから、あしたの試験は＿＿＿＿大丈夫だ。
　　　　A．どうか　　　　B．やはり　　　　C．けっして　　　　D．ぜったい
　答案　D
　翻译　很努力地学习过了，明天的考试绝对没问题。

せっち ①⓪【設置】◆〈名・サ変〉　设置，安置；设立

せつめい ⓪【説明】〈名・サ変〉　　说明，解释

せつやく ⓪【節約】◆〈名・サ変〉　节约，节俭

せなか ⓪【背中】〈名〉　　　　　背，脊背；背后，背面

ぜひ ①【是非】〈名・副〉　　　　务必，一定，必须；是非，善恶

【真题】大学を卒業する皆さんには＿＿＿＿世の中に役立つ人間になってもら
　　　　いたいものです。
　　　　A．かなり　　　　B．ぜひ　　　　C．あまり　　　　D．また
　答案　B
　翻译　希望大学毕业的各位一定要成为对社会有用的人才。

【真题】「いまコーヒーを飲みに行くところですが、いっしょにどうですか。」
　　　　「ええ、＿＿＿＿。」
　　　　A．ぜひ　　　B．きっと　　　C．かならず　　　D．ぜんぜん

せまい ②【狭い】〈形〉	狭小的，狭窄的⇔広い
せわ ②【世話】〈名・サ変〉	照顾，照料；介绍；麻烦
	☞世話をする〔照顾别人〕
	☞世話になる〔得到别人的照顾〕
せん ①【線】〈名〉	线，线条；路线；界限
ぜんき ①【前期】◆〈名〉	前期，上半期
せんきょ ①【選挙】▲〈名〉	选举，竞选，推选
せんご ⓪①【戦後】▲〈名〉	战后
ぜんこく ①【全国】〈名〉	全国（各地）
せんじつ ⓪【先日】〈名〉	前几天，日前；上次
せんしゅ ①【選手】〈名〉	选手，运动员
せんしゅう ⓪【先週】〈名〉	上星期，上周
せんせい ③【先生】〈名〉	教师，老师；医生；政治家
ぜんぜん ⓪【全然】〈副〉	全然（不），完全（不）
ぜんたい ⓪【全体】〈名・副〉	全体，整体；到底，究竟
せんたく ⓪【洗濯】〈名・サ変〉	洗，洗涤，洗衣服
せんたくき ④③【洗濯機】▲〈名〉	洗衣机
せんぱい ⓪【先輩】〈名〉	学长，师兄，师姐；先辈，前辈
ぜんはん ⓪【前半】◆〈名〉	前半
ぜんぶ ①【全部】〈名〉	全部，全体，都
せんもん ⓪【専門】▲〈名〉	专门；专业；专长

そ

そう ①〈代・副・感〉	这样，那样，是，是吗；那样地，那么；不太；对啦
そう ⓪①【沿う】▲〈自五〉	沿着，随着；按照，遵照
ぞう ①【像】〈名〉	像，影像
ぞうか ⓪【増加】◆〈名・サ変〉	增加，增多⇔减少「げんしょう」
ぞうきん ⓪【雑巾】▲〈名〉	抹布
そうじ ⓪【掃除】〈名・サ変〉	扫除，打扫；清除
そうすると〈接続〉	那样一来，于是

そうぞう ⓪【想像】〈名・サ変〉		想象
そうだん ⓪【相談】〈名・サ変〉		商量，协商；请教，征求意见；建议，提议
そこ ⓪〈代〉		那里，那儿，那边；这（那）件事，这时；程度，地步→ここ〔这里〕→あそこ〔那里（比较远）〕→どこ〔哪里〕
そこ ⓪【底】◆〈名〉		底，最下面；深处，内心
そこく ①【祖国】〈名〉		祖国
そこで ⓪【其処で】〈接続〉		于是，因此，所以；那么
そこなう ③【損なう】◆〈他五〉		破坏，损坏；损伤；错过时期
そして ⓪〈接続〉		而且，又；以后，然后；结果，最后，于是

そだつ ②【育つ】〈自五〉		发育，生长；长进，成长
そだてる ③【育てる】〈他下一〉		抚育，养育；教育，培养
そちら ⓪〈代〉		那里，那儿；那个；你那里→こちら〔这里〕→あちら〔那里（比较远）〕→どちら〔哪里〕
そつぎょう ⓪【卒業】〈名・サ変〉		毕业；体验过，过时，过了阶段
そっち ③〈代〉		（「そちら」的比较随便的说法）那里，那儿；那个；你那里→こっち〔这里〕→あっち〔那里（比较远）〕→どっち〔哪里〕
そっと ⓪▲〈副・サ変〉		悄悄地，轻轻地；偷偷地
そと ①【外】〈名〉		外面；外边；户外，室外⇔なか「中」〔里面〕

その ⓪〈連体〉	那，那个；那→この〔这个〕→あの〔那个（比较远）〕→どの〔哪个〕
そのうえ ④⓪【其の上】〈接続〉	而且，又，加上；然后
そのうち ⓪【其の内】▲〈副〉	过几天，不久
そのかわり ⓪【其の代り】▲〈接続〉	但是，不过
そのご ⓪【其の後】▲〈名〉	之后，以后
そのた ②【其の他】▲〈名〉	其他，其余
そば ①【傍・側】〈名〉	旁边；附近；刚……就
そら ①【空】〈名〉	天空，空中；天，天气
それ ⓪〈代〉	那，那个；那件→これ〔这个〕→あれ〔那个（比较远）〕→どれ〔哪个〕
それから ⓪〈接続〉	还有；然后，从那时起；后来又怎么样，讲下去
それぞれ ②③〈名・副〉	各，分别，各各，每个
それで ⓪〈接続〉	因此，因而；那么，后来
それでは ③▲〈接続・感〉	那么，那么说，那就；要是那样的话；再见
それでも ③〈接続〉	虽然那样，即使那样，尽管如此
それとも ③〈接続〉	还是，或者

【真題】あした出発しましょうか、_____来週の月曜日にしましょうか。

　　　　A. それで　　　　B. それから　　　　C. それとも　　　　D. それなのに

答案　C

翻译　是明天还是下周一出发？

【真題】ここであきらめるか、_____最後まで頑張るか、はっきり言ってください。

　　　　A. それでは　　　B. それとも　　　　C. それから　　　　D. それでも

答案　B

翻译　是在这里放弃，还是坚持到最后，请说清楚。

それなのに ③▲〈接続〉	尽管那样，虽然那样
それなら ③◆〈接続〉	如果那样，要是那样，那么
それに ⓪〈接続〉	而且，更兼

【真题】あの店は値段も安いし、人も親切だし、＿＿＿＿＿＿＿いい物がたくさんある。

    A．それこそ   B．それなら   C．それで   D．それに

答案 D

翻译 那家店不仅价格便宜、人热情，而且好商品也很多。

それにしても ⑤◆〈接続〉	即使那样，话虽如此；真是，还
それほど ⓪〈副〉	那么，那样（程度）
そろう ②【揃う】〈自五〉	齐全；齐整，一致；到齐，聚齐；齐备，备全
そろそろ ①〈副〉	该，快要；渐渐，逐渐
そんけい ⓪【尊敬】▲〈名〉	尊敬，敬重，恭敬→尊敬語〔敬语〕
そんざい ⓪【存在】◆〈名・サ変〉	存在
そんな ⓪〈形動〉	那样的→こんな〔这样的〕→あんな〔那样的（比较远）〕→どんな〔怎样的〕

た

た ①【田】▲〈名〉	田，天地
たい ◆〈助動〉	（接在动词及部分助动词的连用形之后，表示希望）想，要，希望
だい【第】◆〈接頭〉	第
だい ①【台】◆〈名・接尾〉	台座，底座；高台；（用来数汽车、机械等）台
だい ②【代】◆〈名〉	代，辈；钱，费用；时代，时期
だい ①【題】〈名・接尾〉	题，标题；题目；课题
たいいく ①【体育】〈名〉	体育
たいかい ⓪【大会】〈名〉	大会；全体会议，全会
だいがく ⓪【大学】〈名〉	大学
だいがくせい ③④【大学生】◆〈名〉	大学生
だいく ①【大工】▲〈名〉	木匠，木工
たいけん ⓪【体験】◆〈名・サ変〉	体验
だいじ ③【大事】〈名・形動〉	大事，重大事件；重要，要紧；保重，爱护，珍惜

たいした ①【大した】〈連体〉　惊人的；大量的；了不起；（后续否定）不值一提的，不怎么样

たいして ①【対して】〈連語〉　针对，对于；关于

【真題】映画界ですばらしい動きをした人＿＿＿＿＿毎年、優秀賞が贈られます。

　　　　A．に関して　　　B．に対して　　　C．に基づいて　　　D．に従って

　答案　B

　翻译　每年给在电影界有出色表现的人颁发优秀奖。

たいじゅう ⓪【体重】▲〈名〉　体重→身長〔身高〕

だいじょうぶ ③【大丈夫】〈名・形動・副〉　不要紧；没问题，没关系；牢固，可靠

たいする ③【対する】〈サ変〉　对，面向，面对；对待，接待；对于，关于；对抗

たいせいよう ③【大西洋】〈名〉　大西洋

たいせつ ⓪【大切】〈形動〉　要紧，重要；爱护，珍惜

たいそう ⓪【体操】〈名〉　体操

だいたい ⓪③【大体】〈名・副〉　大概，概略；大致，差不多；大部分，基本上

だいたすう ③④【大多数】▲〈名〉　大多数，大部分

たいてい ⓪【大抵】〈名・形動・副〉　大部分，大多；大抵，一般；大约，大致

【真題】10時からなら＿＿＿＿＿家にいるので、電話してください。

　　　　A．だいぶ　　　B．じつに　　　C．たいてい　　　D．かなり

　答案　C

　翻译　十点以后一般都在家里，请给我打电话。

たいど ①【態度】〈名〉　态度，举止；看法，想法

だいどころ ⓪【台所】〈名〉　厨房

だいひょう ⓪【代表】〈名・サ変〉　代表

だいぶ ⓪【大分】〈副〉　数量多，很，颇，相当＝だいぶん

たいふう ③【台風】▲〈名〉　台风

だいぶぶん ③【大部分】〈名〉　大部分；基本上，差不多

たいへいよう ③【太平洋】▲〈名〉　太平洋

たいへん ⓪【大変】〈名・形動・副〉	严重，重大；够受的，了不得；非常，很
たいよう ①【太陽】〈名〉	太阳→つき月〔月亮〕→ほし星〔星星〕
たいら ⓪【平】▲〈形動〉	平，平坦；平稳，安静，坦然
たいりょく ①【体力】◆〈名〉	体力
たいわ ⓪【対話】◆〈名・サ変〉	对话
たえず ①【絶えず】〈副〉	不断，连续；经常

【真題】きれいな外国語が話せるようになるには_____努力することが必要
だ。
　　　　A. わざわざ　　　　B. たえず　　　　C. せっかく　　　　D. だいぶ
答案　B
翻译　要想说一口地道的外语，需要不断地努力。

たえる ②【絶える】◆〈自下一〉	断绝，停止；灭绝
たおれる ③【倒れる】〈自下一〉	倒，倒塌；垮台；倒闭，破产；病倒
たかい ②【高い】〈形〉	高的，高大的；（声音）高的；贵的，昂贵的
たがい ⓪【互い】〈名〉	互相；双方
たかめる ③【高める】▲〈他下一〉	提高，抬高
たがやす ③【耕す】◆〈他五〉	耕（地）
だから ①〈接続〉	因此，所以
たく ⓪【宅】▲〈名〉	家，住宅
たく ⓪【炊く】◆〈他五〉	煮（饭），烧（菜）
だく ②【抱く】〈他五〉	抱，拥抱→抱く「いだく」〔抱；怀抱〕
たくさん ③【沢山】〈名・形動〉	许多，很多；够了，足够
たけ ⓪【竹】〈名〉	竹
だけ ◆〈副助〉	只，只有；仅仅；只要；尽量，尽可能；不仅……而且
たしか ①【確か】〈形動・副〉	确实，确切；正确，准确；可靠；大概，也许
たしかめる ④【確かめる】〈他下一〉	确认，核实，弄清
だす ①【出す】〈他五〉	拿出，掏出，取出；派出；提出，提交；露出；发表，公开；（接在动词连用形之后构成复合动词）开始；……出来 ⟷入れる〔放入〕

たすかる ③【助かる】〈自五〉	得救，脱险；省事，省力；有帮助
たすける ③【助ける】〈他下一〉	帮助，援助；救助，拯救；救济
たずねる ③【尋ねる】〈他下一〉	询问，打听；寻找；寻求，探求
たずねる ③【訪ねる】〈他下一〉	访问，拜访
ただ ①〈名・形動・副・接続〉	免费；普通，平凡；只，仅仅；但是，不过
たたかう ⓪【戦う・闘う】▲〈自五〉	打仗，战斗；竞争；比赛
たたく ②【叩く】〈他五〉	拍，敲打；揍；询问，征求；攻击，攻打
ただしい ③【正しい】〈形〉	正确的，对的；正当的；正直的；端正的，周正的
たたみ ⓪【畳】〈名〉	榻榻米
たち〈接尾〉	（接在名词、代词之后表示复数）们
たちあがる ⓪④【立ち上がる】▲〈自五〉	站起来，起立；开始，着手；恢复，振作
たちどまる ⓪④【立ち止まる】◆〈自五〉	站住；停步，止步
たちば ③①【立場】〈名〉	立场，观点；立脚地，下脚地方；处境
たちまち ⓪【忽ち】〈副〉	立刻，马上，一瞬间；突然，忽然
たつ ①【経つ】▲〈自五〉	经，过，流逝，消逝
たつ ①【立つ】〈自五〉	立，站；冒，升；离开→立てる〔竖立〕
たっきゅう ⓪【卓球】〈名〉	乒乓球
たつじん ⓪【達人】◆〈名〉	高手；达观者
たった ⓪【唯】〈副〉	只，仅；刚刚，刚才
だって ①◆〈接続〉	连……（都），也
たてもの ②③【建物】〈名〉	建筑物，房屋
たてる ②【建てる】〈他一〉	建造，建立
たてる ②【立てる】〈他下一〉	竖立；制定，起草；冒，扬起→立つ〔立〕
たとえ ⓪②【仮令】〈副〉	纵然，即使，哪怕
たとえば ②【例えば】〈副〉	例如，譬如，比方说
たにん ⓪【他人】〈名〉	他人
たね ①【種】〈名〉	种子；核；品种；原因，材料；原料
たねまき ②【種蒔き】▲〈名・サ変〉	播种
たのしい ③【楽しい】〈形〉	愉快的，快乐的，高兴的，开心的
たのしみ ③④【楽しみ】〈名〉	乐趣，愉快；兴趣，爱好；以……为乐；期待，期盼

たのしむ ③【楽しむ】〈自・他五〉	乐，享受；以……为乐趣，使快活；期待，期盼
たのむ ②【頼む】〈他五〉	请求，恳求；委托，托付；依靠，依仗
たば ①【束】◆〈名〉	束，把，捆
たばこ ⓪【煙草】〈名〉	烟草，烟；香烟，纸烟
たび ②【度】〈名・接尾〉	次，回；次数
たび ②【旅】▲〈名〉	旅行，旅游
たぶん ①⓪【多分】〈副〉	大概，大约；可能；许多
たべもの ③②【食べ物】〈名〉	食物，吃的东西
たべる ②【食べる】〈他下一〉	吃；维持生活
たまご ②【卵・玉子】〈名〉	鸡蛋；卵；未成熟者
だます ②【騙す】〈他五〉	骗，欺骗；哄
たまに ⓪【偶に】▲〈副〉	偶尔，难得
だまる ②【黙る】〈自五〉	沉默，不说话；不理，不问不管
ため ②〈名〉	因为；为了；对……有益
だめ ②【駄目】〈名・形動〉	白费，无用；不行，不可以；不好，坏
ためる ⓪【貯める・溜める】▲〈他下一〉	储存，积攒；收集；累积
たより ①【便り】▲〈名・サ変〉	消息，音信，书信
たよる ②【頼る】〈他五〉	依赖，依靠；仰仗，凭借；投靠
だらけ ◆〈接尾〉	满，净；多，很多
たりる ⓪【足りる】〈自上一〉	足，够；值得；可以，行
だるい ②⓪【怠い】〈形〉	发倦的，倦怠的，发酸的

【真题】きょうは朝から体が＿＿＿＿寝ていました。

　　　　A．よわくて　　　B．かるくて　　　C．くやしくて　　　D．だるくて

　答案　D

だれ ①【誰】◆〈代〉	谁
だれか ①【誰か】◆〈名〉	谁，某人
だんかい ⓪【段階】◆〈名〉	阶段；步骤；等级
たんご ⓪【単語】◆〈名〉	单词
だんし ①【男子】〈名〉	男子，男性；男孩子
たんじょう ⓪【誕生】◆〈名・サ変〉	诞生，出生；成立，创办

たんじょうび ③【誕生日】〈名〉	生日，生辰
だんせい ⓪【男性】〈名〉	男性，男子
だんだん ①【段段】〈副〉	渐渐，逐渐
たんにん ⓪【担任】▲〈名・サ变〉	担任，担当
たんぼ ⓪【田んぼ・田圃】▲〈名〉	水田，田地
だんぼう ⓪【暖房】〈名・サ变〉	供暖，暖气设备

ち

ち ⓪【血】〈名〉	血，血液；血缘，血脉
ちいき ①【地域】◆〈名〉	地域，地区
ちいさい ③【小さい】〈形〉	小的；微小的，轻微的；幼小的⇔大きい
ちいさな ①【小さな】〈连体〉	小，微小⇔大きな
ちえ ②【知恵・智恵】▲〈名〉	智慧，智能，脑筋，主意
ちかい ②【近い】〈形〉	近的；靠近，接近的；亲近，亲密的；近似，相似的⇔遠い
ちがい ⓪【違い】〈名〉	差异，差别，区别；差错，错误
ちがう ⓪【違う】〈自五〉	不一致，不同；不对，错误；违背，违反；不正常
ちかく ②①【近く】〈名・副〉	近处，附近；不久，近期；近乎，将近⇔遠く〔远处〕
ちかごろ ②【近頃】〈名〉	近来，近日，最近，这些日子
ちかづく ⓪③【近付く】▲〈自五〉	靠近，挨近；接近，交往；近似，像
ちかてつ ⓪【地下鉄】〈名〉	地铁
ちから ③【力】〈名〉	力量，力气，劲头，体力；权力，势力
ちからづよい ⑤【力強い】▲〈形〉	强有力的，矫健的；心里踏实的，有仗恃的
ちきゅう ⓪【地球】〈名〉	地球
ちくせき ⓪【蓄積】◆〈名・サ变〉	积蓄，积累，积攒
ちこく ⓪【遅刻】〈名・サ变〉	迟到，延误
ちしき ①【知識】〈名〉	知识
ちず ①【地図】〈名〉	地图
ちち ②①【父】〈名〉	父亲，家父；先驱，奠基人⇔母
ちちおや ⓪【父親】〈名〉	父亲⇔母親

ちっとも ③〈副〉	一点儿（也不），毫（无），总（不）
ちてき ⓪【知的】◆〈形動〉	智慧的；理智的
ちほう ①②【地方】〈名〉	地方，地区；外地⇔中央
ちゃくりく ⓪【着陸】◆〈名・サ変〉	着陆
ちゃわん ⓪【茶碗】〈名〉	茶杯；碗，饭碗
ちゃんと ⓪〈副・サ変〉	端正，正当；规规矩矩；按期；整齐，整洁；完全，早就
ちゅう【中】〈接尾〉	在……之中，在……里边；正在……；……之内
ちゅうい ①【注意】▲〈名・サ変〉	注意，留神；小心；仔细，谨慎；提醒，警告
ちゅうがくせい ③④【中学生】◆〈名〉	中学生
ちゅうごく ①【中国】◆〈名〉	中国
ちゅうごくご ⓪【中国語】◆〈名〉	汉语，中文→日本語→英語
ちゅうしゃ ⓪【注射】〈名・サ変〉	注射
ちゅうしゃじょう⓪【駐車場】▲〈名〉	停车场
ちゅうしょく ⓪【昼食】▲〈名〉	午餐→朝食（ちょうしょく）→夕食（ゆうしょく）
ちゅうしん ⓪【中心】〈名〉	中心，中间；核心，焦点，重点
ちゅうねん ⓪【中年】◆〈名〉	中年
ちゅうもく ⓪【注目】◆〈名・サ変〉	注目，注视
ちゅうもん ⓪【注文】〈名・サ変〉	订货，定货；订购；定做；要求
ちょう ①【兆】◆〈名〉	兆，万亿；预兆，征兆
ちょうさ ①【調査】〈名・サ変〉	调查，查
ちょうじょう ③【頂上】〈名〉	山顶，顶峰；极点，顶点
ちょうしょく ⓪【朝食】▲〈名〉	早餐
ちょうせん ⓪【挑戦】〈名・サ変〉	挑战
ちょうど ⓪〈副〉	整，正；真好，恰好；刚；好像，宛如
ちょうみりょう ③【調味料】▲〈名〉	调味料
ちょっと ①〈副・感〉	一会儿，暂且；一点，稍微；一时难以……；还可以；（招呼）喂

つい ①▲〈副〉 相隔不远，就在眼前；不知不觉，无意中；不由得，不禁

ついおく ◎◆【追憶】〈名·サ変〉 追忆

ついて ◆〈連語〉 就……，关于

ついに ①【遂に】▲〈副〉 终于；直到最后，末了；从（未）……

つうきん ◎【通勤】〈名·サ変〉 上下班

つうじる ◎【通じる】〈自·他上一〉 通；通到，通往；通晓，精通；熟悉；领会；了解；懂得；勾通；通畅；共通，通用；相通；在整个期间/范围内＝通ずる

つうやく ①【通訳】▲〈名·サ変〉 翻译，口译 ⇒翻訳〔翻译，笔译〕

つかいかた ◎【使い方】◆〈名〉 用法

つかう ◎【使う】〈他五〉 用，使用；雇用；花费，消费

つかまえる ◎【捕まえる·捉まえる·掴まえる】〈他下一〉 抓住，揪住；逮住，捉住

つかむ ②【掴む】▲〈他五〉 抓，抓住，揪住；把握住，理解

つかれる ③【疲れる】〈自下一〉 疲，疲倦，劳累；变陈旧，(性能) 减低

つき ②【月】〈名〉 月亮，月球；月光；月份；一个月 →太陽〔太阳〕→星〔星星〕

つぎ ②【次】〈名〉 下次，下回；第二

つきあう ③【付き合う】〈自五〉 交际，交往，来往；奉陪，作陪

つぎつぎ ②【次々】〈副〉 一个接一个地，接踵而来，纷纷；陆续，相继

つきひ ②【月日】〈名〉 月亮和太阳；时光，岁月；月日，日期

つきみ ③◎【月見】▲〈名〉 赏月→花見〔赏花〕

つく ①②【着く】〈自五〉 到，到达；寄到，运到；达到

つく ①②【付く】〈自五〉 附带，附加；生长；增添，提高；跟随，伴随；随从，服从；带有；生根，扎根；染上；感觉到

つぐ ◎【継ぐ】▲〈他五〉 接，连接；继续；添加，续上

つくえ ◎【机】〈名〉 桌子；书桌；写字台；案

つくす ②【尽くす】〈他五〉 尽力，竭力；效力，报效；达到极点

つくる ②【作る·造る】〈他五〉 做，造；写，创作

つけくわえる ⑤⓪【付け加える】◆〈他下一〉	增加，添加
つける ②【付ける】〈他下一〉	安上，挂上；带上，穿上；写上，记上；加上；掌握
つごう ⓪【都合】〈名・副〉	方便，合适；情况，原因；机会，凑巧；总共，共计
つたえる ⓪【伝える】〈他下一〉	传达，告知；传授，传播；让，让给；传，传导
つたわる ⓪【伝わる】〈自五〉	传，流传；传说；传播；闻名；传导；沿，顺；传来
つち ②【土】〈名〉	土，土壤；土地
つづく ⓪【続く】〈自五〉	继续，连续；接着，跟着；接连发生；仅次于
つづける ⓪【続ける】〈他下一〉	继续，连续；接连不断；连接起来
つつむ ②【包む】〈他五〉	包，包装；笼罩，覆盖；隐藏
つとめる ③【勤める】〈自下一〉	工作，做事，任职；服侍，照料；修行
つな ②【綱】〈名〉	粗绳，绳索，缆；命脉；依靠，依仗
つねに ①【常に】▲〈副〉	常，时常；不断；总，老
つぶす ⓪【潰す】◆〈他五〉	捣碎，弄碎；败坏，使破产
つぶやく ③【呟く】〈自五〉	嘟哝，唧咕；发牢骚
つぶれる ⓪【潰れる】〈自下一〉	倒闭，破产；倒塌；压坏
つま ①【妻】▲〈名〉	妻子，老婆⇔おっと「夫」〔丈夫〕
つまらない ③【詰まらない】〈連語〉	没趣的，没意思的；没有价值的，不值钱的

【真題】_____ものですが、気持ちだけですので、お受け取りください。
  A. かなり結構な   B. 大変高級な
  C. つまらない   D. はずかしい
  答案　C
  翻译　一点小东西，表示一点心意，请您收下吧。

つまり ③①〈副〉	总之，究竟；就是说，也就是
つみ ①【罪】〈名〉	犯罪；罪孽；罪过，罪责
つむ ⓪【積む】〈他五〉	堆积；积累，积攒，积蓄；装载

つめたい ◎③【冷たい】〈形〉	冷的，冰凉的；冷淡的，冷酷的 ⇔熱い〔热的，烫的〕
つめる ②【詰める】〈自・他五一〉	守候；职勤，上班；填，填塞；塞进，装入；靠紧；不停地，连续；缩短；节约，节俭
つもり ◎〈名〉	打算，准备；估计，预计；就当作……，就算是……
つもる ◎②【積もる】〈自五〉	积，堆积；累积，积攒
つゆ ◎【梅雨】▲〈名〉	梅雨，黄梅雨；梅雨期，梅雨天 ＝梅雨「ばいう」
つよい ②【強い】〈形〉	强的；强壮的，结实的；坚固的；强烈的，厉害的；坚强的，坚决的；不怕……；擅长，善于⇔弱い「よわい」
つよめる ③【強める】◆〈他下一〉	加强，增强⇔弱める
つらい ◎②【辛い】〈形〉	苦的，痛苦的，艰苦的；难受的，难过的；刻薄的，残酷的
つる ◎【釣る】〈他五〉	钓（鱼）；勾引，引诱，诱骗
つれる ◎【連れる】〈自・他下一〉	带，领

て

て ①【手】〈名〉	手，手掌，胳膊，臂膀；把手；人手；本领；方法，手段
であう ②【出会う・出合う】〈自五〉	遇见，遇上；幽会；汇合
てあし ①【手足】〈名〉	手脚，手足；俯首帖耳的人；左右手
てあらい ②【手洗い】〈名〉	厕所，洗手间；洗手；洗手盆 →トイレ〔厕所〕
ていあん ◎【提案】〈名・サ変〉	提案，建议，提议
ていか ◎【低下】◆〈名・サ変〉	降低，下降⇔上昇 ⇔向上
ていこう ◎【抵抗】◆〈名・サ変〉	抵抗，反抗，抗拒；反感
ていしゃ ◎【停車】◆〈名・サ変〉	停车
ていでん ◎【停電】〈名・サ変〉	停电
ていど ①◎【程度】◆〈名〉	程度，水平
ていねい ①【丁寧】〈名・形動〉	有礼貌，郑重其事；周到，细心

ていりゅうじょ ⓪【停留所】▲〈名〉		公共汽车站
ていれ ③①【手入れ】◆〈名・サ変〉		修整，维修；修剪；搜查
でかける ⓪【出かける】〈自下一〉		出去，出门，到……去
てがみ ⓪【手紙】〈名〉		信，书信
できあがる ⓪④【出来上がる】▲〈自五〉		做完，做好；酒意浓
できごと ②【出来事】〈名〉		事，事情，事件；变故
てきとう ⓪【適当】▲〈形動〉		适合，适当，适宜；正好，适度；随便，马马虎虎
できる ②【出来る】〈自上一〉		做好，做完；做出，建成；形成，出现；产生，发生
できるだけ【出来るだけ】〈連語〉		尽可能，尽量
でぐち ①【出口】▲〈名〉		出口；出水栓⇔入り口〔入口〕
てつがく ②⓪【哲学】◆〈名〉		哲学；人生观，世界观
てつだい ③【手伝い】◆〈名〉		帮忙，帮助；帮手
てつだう ③【手伝う】〈自・他五〉		帮忙，帮助；加上，还因为
てつや ⓪【徹夜】◆〈名・サ変〉		彻夜，通宵，开夜车
では ①〈接続〉		如果那样，要是那样，那么；论（到）……，关于……
てぶくろ ②【手袋】〈名〉		手套
てほん ②【手本】▲〈名〉		字帖，范本；模范，榜样
でも ①〈接続・副助〉		但是，可是；连……也（都）；尽管……也；要是，譬如；无论，不管
てら ②⓪【寺】▲〈名〉		庙，佛寺，寺庙，寺院
てらす ⓪②【照らす】〈他五〉		照，照耀；对照，按照，参照
でる ①【出る】〈自下一〉		出，出去；出没；露出，突出；通往；出发，离开；毕业；出席；得出
てん ⓪【点】〈名〉		点，标点；分数；论点，观点
てんいん ⓪【店員】〈名〉		店员
てんき ①【天気】〈名〉		天气，天；晴天，好天气；心情
でんき ①【電気】〈名〉		电，电气，电力；电灯
てんじ ⓪【展示】〈名・サ変〉		展示，展出，陈列
でんし ①【電子】▲〈名〉		电子
でんしゃ ⑤【電車】〈名〉		电车

てんじょう ◎【天井】▲〈名〉	顶棚，天花板；顶点
でんたく ◎【電卓】〈名〉	计算器
でんち ①【電池】〈名〉	电池
でんとう ◎【伝統】▲〈名〉	传统
てんのう ◎【天皇】▲〈名〉	天皇
てんぷら ◎【天麩羅】▲〈名〉	油炸食品
てんらんかい ③【展覧会】〈名〉	展览会
でんわ ◎【電話】〈名・サ変〉	电话，电话机

と

ど ◎【度】〈名〉	程度；气度，气量；次数，回数；度数；角度；度
という【〜と言う】◆〈連語〉	叫做；据说，听说；这个
といった【〜と言った】◆〈連語〉	这样的，这种
とう ◎①【問う】▲〈他五〉	问，打听；问候；征询；当作问题；追究
どう ①【如何】〈副〉	怎么，怎么样，怎样，如何

【真題】「うみ」という言葉は漢字で_____書きますか。
  A. どこ B. どう C. どの   D. どんな
答案 B
翻译 "うみ"这个词汉字怎么写？

どうか ①▲〈副・連語〉	请；总算，设法；不正常；是……还是……
どうきゅうせい ③【同級生】〈名〉	同班同学＝クラスメート
どうぐ ③【道具】〈名〉	家庭生活用具，家具；工具；道具
どうし ①【同士】◆〈名〉	同伴，伙伴；彼此一样
どうじ ◎①【同時】〈名〉	同时；同时代；立刻
どうして ①〈副・感〉	怎么样，如何；为什么，何故
とうぜん ◎【当然】◆〈名・形動・副〉	当然，理所当然
どうぞ ①〈副〉	请；可以
とうとう ①〈副〉	终于，到底，终究，结局
とうばん ①【当番】〈名〉	值班，值日
どうぶつ ◎【動物】〈名〉	动物，兽

どうも ①〈副〉	怎么也；实在，真；总觉得，好像；很，实在是

【真題】このごろは疲れやすくなって、_____おかしいと思ったら、やはり病気だった。

    A. どうか   B. どうも   C. どうぞ   D. どうして

  答案 B

  翻译 最近很容易疲劳，总觉得有些奇怪，果然是生了病。

どうよう ⓪【同様】◆〈名・形動〉	同样，一个样
どうろ ①【道路】〈名〉	道路，公路
どうわ ⓪【童話】▲〈名〉	童话
とおい ⓪【遠い】〈形〉	远的；久远的；疏远的⇔近い
とおく ③⓪【遠く】▲〈名・副〉	远方；远处；远远地⇔近く
とおす ①【通す】〈他五〉	通过；穿过，穿通；渗透；连续，连贯；坚持

【真題】入院_____お医者さんの優しい心がよく分かった。

    A. をとおって   B. をもとにして

    C. をともにして   D. をとおして

  答案 D

  翻译 经历了住院，我对医生的热心肠深有体会。

とおり ③【通り】〈名・接尾〉	大街，马路；来往，通行；流通；一样，同样
とおる ①【通る】〈自五〉	通过，走过；穿过；通，通畅
とか ◆〈並助・副助〉	（表示列举）……啦……啦；（表示不确定）……来着
とかい ⓪【都会】〈名〉	都市，城市
とき ②【時】〈名〉	时间；（某个）时候；时期；季节；情况、；时机，机会；时势；有时；时刻，钟点
ときどき ②⓪【時々】▲〈名・副〉	有时；时时，时常；一时一时
どきどき ①〈副・サ変〉	七上八下，忐忑不安
ときに ②【時に】〈副・接続〉	有时；那时候；可是，不过

とくい ②⓪【得意】〈名・形動〉	得意；满意，心满意足；得意洋洋，自满，自鸣得意；拿手，擅长；老顾客，老主顾
とくしょく ⓪【特色】◆〈名〉	特色
とくに ①【特に】〈副〉	特，特别
とくべつ ⓪【特別】〈形動・副〉	特别，格外
とくゆう ⓪【特有】◆〈名・形動〉	特有，独特
とけい ⓪【時計】〈名〉	钟，表
とける ②【解ける】〈自下一〉	（把系着的东西）解开；解消；解除，消除；解开／明白
とける ②【溶ける・融ける】〈自下一〉	溶化，融化
どこ ①〈代〉	哪里，哪儿；何处→ここ〔这里〕→そこ〔那里〕→あそこ〔那里（比较远）〕
とこや ⓪【床屋】▲〈名〉	理发店
ところ ⓪【所】〈名〉	地方，场所；住处，家；部分，点，处
ところが ③〈接続〉	然而，可是；刚要……；即使……也……

【真題】彼は今度の試験は絶対に自信があると言っていた。_____、結果は50点しか取れなかった。

  A．ところで B．それでは C．ところが D．それから

答案 C

翻訳 他说这次的考试绝对有自信。可结果只得了50分。

ところで ③〈接続・接助〉	可是；即便，即使，纵令
ところどころ ④【所々】▲〈名〉	到处
とし ①【都市】〈名〉	都市，城市
とし ②【年・歳】〈名〉	年，岁；年龄，岁数；岁月，光阴
として ◆〈連語〉	作为……；没有……不；且不谈

【真題】かれは海外青年協力隊の一員_____、外国で三年間農業指導をしてきた。

  A．にとって B．として C．にかんして D．にたいして

答案 B

翻訳 他作为海外青年协作队的一员，曾在外国指导了三年农业。

としょかん ②【図書館】〈名〉	图书馆
とじる ②【閉じる】〈自・他上一〉	关，关闭；盖，合；结束
とち ⓪【土地】◆〈名〉	土地，耕地；地方
とちゅう ⓪【途中】〈名〉	途中，路上，中途
どちら ①〈代〉	哪边，哪儿；哪个→こちら〔这边〕→そちら〔那边〕→あちら〔那边（比较远）〕
とつぜん ⓪【突然】〈副・形動〉	突然，忽然
どっち ①〈代〉	（「どちら」的比较随便的说法）哪一个；哪一方面→こっち〔这个〕→そっち〔那个〕→あっち〔那个（比较远）〕
（に）とって〈連語〉	对……来说

【真題】漢字は中国人学生_____はやさしいかもしれませんが、アメリカ人であるわたしには頭痛の種です。

A. にたいして　　　B. について　　　C. にとって　　D. によって

答案　C

翻译　汉字对中国学生或许简单，但作为美国人的我却为之头痛不已。

とても ⓪〈副〉	非常，很；无论如何也，怎么也……

【真題】こんなひどいことは_____我慢できません。

A. とても　　　　　B. かならず　　　　C. けっして　　　D. けっきょく

答案　A

翻译　这种过分的事情无论如何都无法忍受。

とどく ②【届く】〈自五〉	寄到，收到；达到；周到
とどける ③【届ける】〈他下一〉	送到，送给；报告；使达到
となり ⓪【隣】〈名〉	邻居，邻家；旁边，隔壁；邻邦，邻国
どなる ②【怒鳴る】◆〈自五〉	大声喊叫；大声斥责
とにかく ①〈副〉	无论如何，不管怎样，总之
どの ①〈連語〉	哪个，哪；哪个也……→この〔这个〕→その〔那个〕→あの〔那个（比较远）〕
とぶ ⓪【飛ぶ】〈自五〉	飞，飞行
とまる ⓪【泊まる】〈自五〉	投宿，住宿；停泊

とめる ⓪【止める・停める】〈他下一〉 停，停止；止，堵

とめる ⓪【泊める】〈他下一〉 住宿，过夜；停泊

とも ①〈接続 ・連語〉 不管，即使，尽管；最……，至……；当然，一定

ともだち ⓪【友達】〈名〉 朋友，友人

ともに ⓪①【共に】〈副〉 共同，一同；跟，同；全，均；一……就……；既……又……

どようび ②【土曜日】〈名〉 星期六

とり ⓪【鳥】〈名〉 鸟

とりいれる ④⓪【取り入れる】▲〈他下一〉 收获；收割；收进，拿进；引进，导入；采用，采取；采纳

とりかえる ⓪④③【取り替える】▲〈他下一〉 交换，互换；换，更换

とりだす ⓪③【取り出す】〈他五〉 拿出，取出

とりにく ⓪【鶏肉】◆〈名〉 鸡肉

とりのこす ④⓪【取り残す】◆〈他五〉 留下，剩下；落伍，掉队

どりょく ①【努力】〈名·サ変〉 努力

とる ①【撮る】◆〈他五〉 拍照，拍摄

とる ①【取る】〈他五〉 拿，取；操作，操纵；坚持；夺取，强占；取得

どれ ①〈代〉 哪个，哪一个→これ〔这个〕→それ〔那个〕→あれ〔那个（比较远）〕

とれる ②【取れる】▲〈自下一〉 脱落，掉下；解除，消除，去掉；调和，平衡；可以（理解）；能收获，能

どろぼう ⓪【泥棒】〈名·サ変〉 贼，小偷，盗贼

どんどん ①〈副〉 轰隆；咚咚；连续不断，一个劲儿；顺利；旺盛，热火朝天；茁壮

どんな ①〈形動〉 怎么样，怎样，如何；任何的都→こんな〔这样〕→そんな〔那样〕→あんな〔那样（比较远）〕

な

ない ①【無い】〈形〉 无，没有；不

ないよう ⓪【内容】〈名〉	内容
なおす ②【治す】〈他五〉	治疗，医治
なおす ②【直す】〈他五〉	改正，矫正；修改，订正；修理

【真题】わたしは電気屋でテレビを＿＿＿＿もらいました。

    A. ならんで   B. なおって   C. なおして   D. ならって

答案　C

翻译　我在电器店请人帮我修好了电视机。

なおる ②【治る】〈自五〉	病医好，痊愈
なおる ②【直る】〈自五〉	改正过来；修理好；复原；改成
なか ①【中】〈名〉	内部，里面；当中；其中；中等，中级
なか ①【仲】〈名〉	关系，交情
ながい ②【長い・永い】〈形〉	长的；长久的，长远的⇔短い
ながす ②【流す】▲〈他五〉	流/淌；冲；使流走；播放；放逐；不放心上→流れる
なかでも ▲〈連語〉	尤其是
なかなか ⓪〈副・名〉	很，颇，非常；相当；轻易（不），（不）容易

【真题】この問題は小学生には難しすぎて＿＿＿＿できないでしょう。

    A. なかなか   B. だんだん   C. ますます   D. いよいよ

答案　A

翻译　这个题目对小学生来说太难，轻易做不出来吧。

なかま ③【仲間】▲〈名〉	伙伴，同事，朋友
ながめる ③【眺める】〈他下一〉	眺望，远眺；凝视，注视
なかよし ②【仲良】▲〈名〉	要好，友好；好朋友
ながら ◆〈接助〉	一边……一边；尽管……却，虽然……但是；照旧，如故；全部
ながれる ③【流れる】〈自下一〉	流，淌；流动，漂动；流逝；流浪，漂泊；中止
なく ⓪【泣く】〈自五〉	哭，哭泣；感觉为难，伤脑筋
なく ⓪【鳴く】〈自五〉	鸣，叫，啼
なくす ⓪【無くす】〈他五〉	丢，丢掉；消灭，去掉

なくなる ⓪【亡くなる】〈自五〉	死，去世
なくなる ⓪【無くなる】〈自五〉	完，尽；遗失
なぐる ②【殴る】〈他五〉	殴打，揍
なげる ②【投げる】〈他下一〉	投，扔，抛，掷；投射；放弃
なさけない ④【情けない】〈形〉	糟糕的，差劲的；遗憾的，可叹的；没有同情心的
なさる ②【為さる】◆〈他五·補動〉	(「する」「なす」的尊敬语，「ます」形为「なさいます」) 做；(接在动词的连用形之后) 表示尊敬
なし ①【無し】〈名〉	无，没有
なぜ ①【何故】〈副〉	为何，为什么
なつ ②【夏】〈名〉	夏天，夏季→はる春→あき秋→ふゆ冬
なつかしい ④【懐かしい】〈形〉	怀念的，眷恋的
なつやすみ ③【夏休み】◆〈名〉	暑假↔休み
など ①【等】◆〈副助〉	等；……之类的
なに ①【何】◆〈副·代·感〉	什么；哪个；任何；哪里，没什么；(表示意想不到、惊愕) 什么＝なん
なま ①【生】▲〈名〉	生；自然，直接；不充分
なまえ ⓪【名前】〈名〉	名，名字；姓名；名义
なまける ③【怠ける】〈自他下一〉	懒惰
なみ ⓪【並み】◆〈名·接尾〉	普通，一般；与……相当，跟……一样；成排地
なみ ②【波】〈名〉	波，波浪；(振动) 波
なみき ⓪【並木】▲〈名〉	街树，街旁树
なみだ ①【涙】〈名〉	眼泪；同情心
なやみ ③【悩み】◆〈名〉	烦恼，苦恼
なやむ ②【悩む】〈自五〉	烦恼，苦恼
ならう ②【習う·倣う】〈他五〉	学习，练习
ならぶ ⓪【並ぶ】〈自五〉	排，排成；摆满，陈列；比得上
ならべる ⓪【並べる】〈他下一〉	排，排列；摆满，陈列；列举；比较
なる ⓪【鳴る】〈自五〉	鸣，响；驰名，闻名
なる ①【成る】〈自五〉	变成，成为；到，达到；由……构成
なるべく ⓪③▲〈副〉	尽量，尽可能
なるほど ⓪〈副·感〉	的确，诚然；怪不得，难怪

なれる ②【慣れる】〈自下一〉	习惯，习以为常；熟练；惯于……
なわ ②【縄】▲〈名〉	绳，绳索；特指绑犯人的绳索
	☞縄に掛かる〔被捕，落网〕
なわとび ③④【縄跳び】▲〈名〉	跳绳
なんか ①【何か】◆〈連語〉	什么，什么事；之类，等等；有些，好像
なんだか ①【何だか】▲〈副〉	总觉得，总有点，不由得；是什么
なんて ①【何て】◆〈副・連語〉	什么；怎么；多么，太；什么的，之类的
なんでも ⓪①【何でも】〈副・連語〉	不管什么，什么都……，任何；据说是，好像是
なんと ①【何と】▲〈副・感〉	多么，何等；竟，竟然；什么，怎样；呀，哎呀
なんとか ①【何とか】〈副・サ変・連語〉	设法，想办法；勉强，总算；某

【真题】 ご無理とは思いますが、_____お願いできませんか。

　　　　A. なんだか　　　B. なんとか　　　C. さっぱり　　　D. まったく

　答案　B

　翻译　我知道您很为难，不过能不能麻烦您想想办法。

なんとなく ④【何となく】〈副〉	（不知为什么）总觉得，不由得；无意中
なんとも ⓪①【何とも】◆〈副〉	怎么也，什么也；无关紧要，没关系；真的，实在
なんぶ ①【南部】◆〈名〉	南部

に

におい ②【匂い・臭い】〈名〉	味儿，气味儿；香味儿，芳香；臭味儿；气息；迹象
にがい ②【苦い】〈形〉	苦；痛苦，难受；不愉快

【真题】 コーヒーは_____のが好きなので、砂糖やミルクは入れない。

　　　　A. からい　　　B. あつい　　　C. にがい　　　D. あまい

　答案　C

　翻译　我喜欢喝苦咖啡，所以不加糖和奶。

にがす ②【逃がす】〈他五〉 放跑；没抓住；错过，丢掉

にがて ◎③【苦手】〈名・形動〉 不善于，不擅长；棘手，难对付

にぎやか ②【賑やか】〈形動〉 热闹，熙熙攘攘；繁华；闹哄哄，欢快
⇔静か

にぎる ◎【握る】〈他五〉 握；捏饭团；掌握，抓住

にく ②【肉】〈名〉 肌肉；肉类；果肉；肉体；厚度；印泥

にくい 〈接尾〉 （接在动词的连用形之后构成形容词）难以
……，不容易……

にくしん ◎【肉親】◆〈名〉 亲人，骨肉

にげる ②【逃げる】〈自下一〉 逃跑，逃走；避开，躲避，回避

にこにこ ①〈副・サ変〉 笑眯眯，满面笑容，笑容可掬

にし ◎【西】〈名〉 西，西方；西欧各国
→ひがし東→みなみ 南→きた北

にちじょう ◎【日常】◆〈名〉 日常，平时

にちようび ③【日曜日】〈名〉 星期日

にちようひん ◎【日用品】〈名〉 日用品

にっき ◎【日記】〈名〉 日记

にほん ②【日本】◆〈名〉 日本＝にっぽん

にほんご ◎【日本語】◆〈名〉 日语

にほんじん ④【日本人】◆〈名〉 日本人

にもつ ①【荷物】〈名〉 货物，行李；负担，累赘，包袱

にゅういん ◎【入院】〈名・サ変〉 住院

にゅうがく ◎【入学】〈名・サ変〉 入学

にる ◎【似る】〈自上一〉 像，类似

にる ◎【煮る】〈他上一〉 煮，炖，熬

にわ ◎【庭】〈名〉 院子，庭院

にん ①【人】◆〈接尾〉 （表示数量）人，名；（表示职业）……的人

にんき ◎【人気】〈名〉 受欢迎，有人望

にんぎょう ⓪【人形】▲〈名〉　　　　娃娃，偶人；傀儡
にんげん ⓪【人間】〈名〉　　　　　　人，人类；人品，品质
にんしき ⓪【認識】◆〈名・サ変〉　　认识，理解

ぬ

ぬく ⓪【抜く】〈自・他五〉　　　　　抽出，拔掉；除掉，清除；选出；省略；
　　　　　　　　　　　　　　　　　　超过；坚持到最后
ぬぐ ①【脱ぐ】〈他五〉　　　　　　　脱，摘掉
ぬける ⓪【抜ける】〈自下一〉　　　　脱落，掉；漏掉，遗漏；穿过；脱离，推出
ぬすむ ②【盗む】〈他五〉　　　　　　偷盗，盗窃；背着……；抽空，偷闲
ぬの ⓪【布】〈名〉　　　　　　　　　布，布匹
ぬれる ⓪【濡れる】〈自下一〉　　　　淋湿，沾湿

ね

ね ①【根】〈名〉　　　　　　　　　　根；根底；根源，根据；根本，本性
ねがう ②【願う】〈他五〉　　　　　　期待；请求，恳求；祈求，祈祷
ねぎ ①【葱】▲〈名〉　　　　　　　　大葱
ねこ ①【猫】〈名〉　　　　　　　　　猫
ねだん ⓪【値段】〈名〉　　　　　　　价格，价钱，行市，价码
ねつ ②【熱】〈名〉　　　　　　　　　发烧，体温高；热度；热情，干劲
ねっしん ①③【熱心】〈名・形動〉　　热心，热情
ねむい ⓪②【眠い】〈形〉　　　　　　困的，困倦的
ねむる ⓪【眠る】〈自五〉　　　　　　睡，睡觉；睡眠；安息，长眠；闲置
ねる ⓪【寝る】〈自下一〉　　　　　　睡，睡觉；躺，卧；卧病
ねん ①【年】〈名・接尾〉　　　　　　年，年度，年级
ねんがじょう ③⓪【年賀状】〈名〉　　贺年卡
ねんかん ⓪【年間】◆〈名〉　　　　　一年；年间，年代
ねんまつ ⓪【年末】〈名〉　　　　　　年末，年底
ねんれい ⓪【年齢】◆〈名〉　　　　　年龄，年纪

のう ①【脳】◆〈名〉　　　　　　　脑；智力，脑力

のうか ①【農家】〈名〉　　　　　　农户，农民；农家

のうぎょう ①【農業】〈名〉　　　　农业

のうさんぶつ ③【農産物】▲〈名〉　农产品

のうそん ◎【農村】▲〈名〉　　　　农村↔都市

のうりょく ①【能力】◆〈名〉　　　能力

のこす ②【残す】〈他五〉　　　　　留下，剩下；保留；遗留，流传

のこる ②【残る】〈自五〉　　　　　留下，剩下；保留；遗留，流传

のせる ◎【乗せる】〈他下一〉　　　搭乘；骗人，诱骗

のせる ◎【載せる】〈他下一〉　　　装上，装载；刊载，登载

のぞく ◎【除く】〈他五〉　　　　　消除，去掉；除去，除了；杀死，干掉

のぞむ ◎②【望む】〈他五〉　　　　远望，眺望；期望，希望

のち ②◎【後】◆〈名〉　　　　　　……之后，以后；将来↔まえ前↔さき先

ので ◆〈接助〉　　　　　　　　　　因为，由于

のど ①【喉】〈名〉　　　　　　　　咽喉；喉咙，嗓子；嗓音，歌声

のに ◆〈接助・終助・連語〉　　　　却，倒；竟然，居然；可，但；为了，因为

のばす ②【延ばす】〈他五〉　　　　延长，推延；稀释

のばす ②【伸ばす】〈他五〉　　　　伸展，伸开；拉长；发挥，提高

のびる ②【伸びる】〈自上一〉　　　伸长，变长；舒展；达到

のぼる ◎【昇る】〈自五〉　　　　　太阳升起；晋升

のぼる ◎【上る】〈自五〉　　　　　向上移动；溯流航行；就高位；从地方向
　　　　　　　　　　　　　　　　　首府移动；达到，高达；被提起；上桌

のぼる ◎【登る】〈自五〉　　　　　登，攀登；上升；达到，高达

のみもの ②③【飲み物】〈名〉　　　饮料

のむ ①【飲む】〈他五〉　　　　　　喝，咽；吞下去；吸，吸进；吞没

のりかえる ④③【乗り換える】▲　換车，改乘；改变
〈他下一〉

のりもの ◎【乗り物】〈名〉　　　　乘坐物，交通工具

のる ◎【乗る】〈自五〉　　　　　　乘坐，骑；上，登上；参与，参加

は

は ⓪【葉】〈名〉	叶，树叶
は ①【歯】〈名〉	齿，牙齿
ば ⓪【場】◆〈名〉	场合，场所；场面
ばあい ⓪【場合】〈名〉	场合，时候；情况，状态
はい ①〈感〉	对，是的；到，是
ばい ⓪【倍】〈名・接尾〉	倍，加倍
はいけん ⓪【拝見】▲〈名・サ変〉	（「見る」的谦让语）拜见，拜读
はいたつ ⓪【配達】〈名・サ変〉	送，投递
はいる ①【入る】〈自五〉	进，入；含有，混有；参加，加入；容纳；闯入，闯进；得到
はえる ②【生える】◆〈自下一〉	生，生长，长出
ばか ①【馬鹿】〈名・形動〉	愚蠢，呆傻；混蛋，笨蛋；无聊；小看，看不起
はがき ⓪【葉書】〈名〉	明信片
ばかり ◆〈副助〉	只，仅仅；光，专门，只有；大约，左右；老是，总是；刚刚
はく ①②【吐く】〈他五〉	吐，吐出；冒出，喷出；说出，吐露；招供 ⇔吸う
はくぶつかん ④【博物館】〈名〉	博物馆
はげしい ③【激しい】〈形〉	激烈的，强烈的；好冲动的；厉害的
はげます ③【励ます】〈他五〉	勉励，鼓励
はこ ⓪【箱】〈名〉	盒子，匣子；箱子
はこぶ ⓪【運ぶ】〈自・他五〉	运送，搬运；进行，进展；前往
はし ①【箸】〈名〉	筷子，箸
はし ②【橋】〈名〉	桥，桥梁
はじ ②【恥】〈名〉	耻，羞耻；耻辱
はじまる ⓪【始まる】〈自五〉	开始；发生，引起；起源，缘起⇔終わる
はじめ ⓪【初め・始め】◆〈名〉	开始，开头；最初，初次⇔終わり
はじめて ②【初めて】〈副〉	初次，第一次；在……之后才……
はじめる ⓪【始める】〈他下一〉	开始；开创
ばしょ ⓪【場所】〈名〉	场所，地方

はしる ②【走る】〈自五〉	跑，奔；奔驰，行驶；横贯，延绵；掠过，闪过
はず ⓪◆〈名〉	应该，理应；会；预计
はずかしい ④【恥ずかしい】〈形〉	害羞的，害臊的；不好意思的；惭愧的，可耻的
はだ ①【肌】▲〈名〉	皮肤，肌肤；表面；气质，风度
はたけ ⓪【畑】〈名〉	旱田，田地；专业的领域
はたす ②【果たす】〈他五〉	完成，实现，实行；（接在动词的连用形之后）光，尽
はたらき ⓪【働き】〈名〉	工作；功劳，功绩；功能，机能
はたらく ⓪【働く】〈自五〉	工作，劳动；起作用；活动
はつおん ⓪【発音】〈名・サ変〉	发音
はっきり ③〈副・サ変〉	清楚；明确，鲜明；清醒
はっけん ⓪【発見】〈名・サ変〉	发现
はっしゃ ⓪【発車】◆〈名・サ変〉	开车，发车
はったつ ⓪【発達】〈名・サ変〉	发达，发展；发育，成长
はってん ⓪【発展】〈名・サ変〉	发展，扩展
はっぴょう ⓪【発表】〈名・サ変〉	发表；发布，公布
はつめい ⓪【発明】〈名・サ変〉	发明
はな ⓪【鼻】〈名〉	鼻子
はな ②【花】〈名〉	花；黄金时代；美丽的；最好的
はなし ③【話】◆〈名〉	说话，讲话；话题；故事；商量，商谈
はなしあう ④【話し合う】〈他五〉	谈话，对话；商量，谈判
はなしことば ④【話し言葉】〈名〉	口语⇔書言葉〔书面语〕
はなす ②【放す】〈他五〉	放开，放掉
はなす ②【離す】▲〈他五〉	放开，松开；（使……）离开/分开；隔开，拉开距离
はなす ②【話す】〈他五〉	说，讲；告诉，叙述；商量，交涉
はなみ ③【花見】▲〈名〉	赏（樱）花→月見〔赏月〕
はなれる ③【離れる】〈自下一〉	分离，分开；离开，间隔
はは ①【母】〈名〉	母，母亲⇔父
はば ⓪【幅】〈名〉	宽度，幅度；差距；灵活性
ははおや ⓪【母親】〈名〉	母亲⇔父親
はへん ⓪【破片】◆〈名〉	碎片

ばめん ①⓪【場面】〈名〉	场面，场景
はやい ②【早い】〈形〉	早的；为时尚早的，还不到时候的
はやい ②【速い】〈形〉	快的，迅速的；敏捷的，灵活的
はやし ③⓪【林】〈名〉	林，树林
はら ②【腹】〈名〉	腹，肚子；鼓出部分；内心，想法；度量
はらう ②【払う】〈他五〉	支付；拂，掸；赶，除掉；卖掉
ぱらぱら ①⓪〈副・形動〉	（雨水等）淅淅沥沥；稀稀落落；（翻卷时）哗啦哗啦
はり ①【針】〈名〉	针；缝针；刺；钩
はる ⓪【張る】〈自・他五〉	拉，支；贴，糊；覆盖；紧张，发酸；膨胀；挺起；伸展，扎根
はる ①【春】〈名〉	春天，春季；青春期，极盛时期 →なつ夏→あき秋→ふゆ冬
はるいちばん ①-②【春一番】◆〈名〉	初春刮的第一场较强的南风
はれる ⓪【腫れる】▲〈自下一〉	肿，肿胀
はれる ②【晴れる】〈自下一〉	晴，放晴；消散；愉快，舒畅
はん ①【半】〈名〉	半，一半
ばん ⓪【晩】〈名〉	晚，晚上；夜
ばん ①【番】◆〈名〉	轮班；值班，看；号
ばんぐみ ⓪【番組】〈名〉	节目
ばんごう ③【番号】〈名〉	号码，号数
はんたい ⓪【反対】〈名・サ変・形動〉	反对；相反⇔赞成「さんせい」
はんとし ④【半年】◆〈名〉	半年
ばんのう ⓪【万能】◆〈名〉	万能，全能
はんぶん ③【半分】〈名〉	一半，二分之一
ばんりのちょうじょう ①-③【万里の長城】▲〈名〉	万里长城
はんろん⓪【反論】◆〈名・サ変〉	反驳

ひ

ひ ⓪【日】▲〈名〉	太阳；阳光，日光；白天，白昼；（一）日，（一）天；天数，日子；期限，日期；节，节日

ひ ①【火】▲〈名〉	火，火焰；火灾
ひ ①【非】◆〈名・接頭〉	非，错误，缺点；不对，不好；（表示否定）非，不
ひえる ②【冷える】〈自下一〉	变冷，变凉；感觉冷，觉得凉；冷淡下来，变冷淡
びか ①【美化】◆〈名・サ変〉	美化，理想化
ひがし ◎③【東】〈名〉	东，东方→みなみ 南→にし西→きた北
ひかり ③【光】〈名〉	光，光线；光明，希望
ひかる ②【光る】〈自五〉	发光，发亮；出众，出类拔萃；盯视
ひき ②【匹】〈接尾〉	（用于数狗、猫、鸟、鱼、虫等动物）条、只、匹（根据所接续的数字不同，「ひ」有时会浊化为「び」或半浊化为「ぴ」）

【真題】うちには小さい犬が_____います。

      A．にほん   B．にひき   C．ふたり   D．ふたつ

答案 B

翻译 我家养了两条小狗。

ひきうける ④【引き受ける】〈他下一〉	承担，负责；承包，承揽；答应，接受；保证；照应，照料；对付，应付；继承
ひきだし ◎【引き出し】〈名〉	抽屉；抽出，提取
ひく ◎【引く】〈他五〉	拉，牵；减，减去，扣除；拉长；引进，架设；抽签；引起注意；引用
ひく ②【弾く】〈他五〉	弹；拉；弹奏
ひくい ②【低い】〈形〉	低的；矮的；低微的，低贱的⇔高い
ひげ ◎【髭・髯・鬚】〈名〉	胡子，胡须
ひこうき ②【飛行機】〈名〉	飞机
びじゅつ ①【美術】〈名〉	美术
びしょう ◎【微小】◆〈名・形動〉	微小
ひじょうに ◎【非常に】〈副〉	非常，特别
ひたすら ◎【只管】◆〈副・形動〉	只顾，一味地，一个劲地
ひだり ◎【左】〈名〉	左，左面；左手；左派，左倾⇔みぎ右
ひだりがわ ◎【左側】◆〈名〉	左側⇔右側
びっくり ③〈副・サ変〉	吃惊，吓一跳

ひっこす ③【引っ越す】〈自五〉	搬家，搬迁
ひつじ ⓪【羊】◆〈名〉	羊
ひっしゃ ①【筆者】◆〈名〉	作者，著者
ひつよう ⓪【必要】〈名・形動〉	必要，必须⇔不要「ふよう」〔不必要〕
ひてい ⓪【否定】◆〈名・サ変〉	否定⇔肯定「こうてい」
ひと ⓪【人】〈名〉	人，人类；别人，旁人；人品，品质；人，人才；人手
ひどい ②【酷い】〈形〉	太过分的，残酷的；激烈的，凶猛的
ひとしい ③【等しい】◆〈形〉	相等，相同
ひとつ ②【一つ】◆〈名〉	一，一个；一岁
ひとびと ②【人々】〈名〉	人们，许多人；各个人，每个人
ひとり ②【一人・独り】〈名・副〉	一人/一个人；独身，单身；独自 →ふたり　二人
ひにち ⓪【日日】〈名〉	日子，天数，日数；日期
ひま ⓪【暇】〈名・形動〉	闲空，余暇；时间，工夫；休假，假
ひやす ②【冷やす】〈他五〉	镇，冰镇；使……冷静
ひゃっかてん ③⓪【百貨店】▲〈名〉	百货店　⇒デパート
びょういん ⓪【病院】〈名〉	医院
ひょうか ①【評価】◆〈名〉	评价；估价
びょうき ⓪【病気】〈名〉	病，疾病；毛病，缺点
ひょうげん ③【表現】〈名・サ変〉	表现；表达
ひょうじゅん ⓪【標準】◆〈名〉	标准，基准
ひょうじょう ③【表情】〈名〉	表情
びょうにん ⓪【病人】〈名〉	病人
ひょうばん ⓪【評判】▲〈名・形動〉	评价，评论；闻名，著名；风传，风闻
ひらがな ③【平仮名】〈名〉	平假名→片仮名
ひらく ②【開く】〈自・他五〉	开；打开；召开；开办 ⇔締まる〔关闭〕⇔閉じる
ひる ②【昼】〈名〉	白天，白昼；中午，正午 →朝→午前→午後→夕方→夜
ひるね ⓪【昼寝】▲〈名〉	午睡，午觉，晌觉
ひるま ⓪【昼間】〈名〉	白天，白日⇔夜間「やかん」
ひろい ②【広い】〈形〉	宽敞的，广阔的；广的，广泛的⇔狭い
ひろう ⓪【拾う】〈他五〉	拾，捡；挑出，捡出；收留；搭乘（出租车）

ひろがる ⓪【広がる】▲〈自五〉	扩大，扩散；蔓延，传开；展现
ひろば ①【広場】〈名〉	广场
びんぼう ①【貧乏】▲	穷，贫穷，贫困
〈名・サ変・形動〉	

ぶ ①【部】◆〈名〉	部门，部类；（用于数书籍、出版物等）部，册
ふあん ⓪【不安】〈名・形動〉	不安，不放心，担心
ふうとう ⓪【封筒】〈名〉	信封
ふえる ②【増える・殖える】〈自下一〉	增多，增加⇔減る
ぶか ①【部下】◆〈名〉	部下，属下⇔上司「じょうし」
ふかい ②【深い】〈形〉	深的；浓厚的⇔浅い「あさい」
ふかめる ③【深める】▲〈他下一〉	加深，加强
ふく ⓪【拭く】〈他五〉	擦，拭
ふく ②①【吹く】〈自・他五〉	刮；吹；吹（笛）等；吹牛
ふく ②【服】〈名〉	衣服，西服
ふくざつ ⓪【複雑】〈名・形動〉	复杂⇔単純「たんじゅん」
ふくしゅう ⓪【復習】〈名・サ変〉	复习⇔予習「よしゅう」
ふくむ ②【含む】〈他五〉	带有，含有；含；了解，考虑
ふくめる ③【含める】〈他下一〉	包含，包括
ふくろ ③【袋】〈名〉	口袋
ふごう ⓪【符号】◆〈名〉	符号，记号
ぶじ ⓪【無事】〈名・形動〉	太平无事，安全；健康；顺利，圆满
ふしぎ ⓪【不思議】〈名・形動〉	不可思议
ふじさん ①【富士山】〈名〉	富士山
ふじゅうぶん ②【不十分】◆	不充分，不够⇔ 十分「じゅうぶん」
〈名・形動〉	
ふそく ⓪【不足】◆〈名・形動〉	不足，不够
ぶた ⓪【豚】〈名〉	猪
ふたたび ⓪【再び】▲〈副〉	再，又，重
ふだん ①【普段】〈名・副〉	平常，平素
ぶちょう ⓪【部長】◆〈名〉	部长

ふつう ⓪【普通】〈名・形動・副〉 普通，一般⇔特殊「とくしゅ」

ぶっか ⓪【物価】▲〈名〉 物价

ぶつり ①【物理】〈名〉 物理

ふとい ②【太い】〈形〉 胖的，肥的；粗的

ふとる ②【太る】〈自五〉 胖，肥⇔瘠せる・痩せる「やせる」〔痩〕

ふとん ⓪【布団】〈名〉 被褥

ふね ①【船・舟】〈名〉 船，舟；槽，盆

ぶひん ⓪【部品】▲〈名〉 零件，零部件

ぶぶん ①【部分】〈名〉 （一）部分⇔全体「ぜんたい」

ふべん ①【不便】〈名・形動〉 不方便，不便⇔便利「べんり」

ふまん ⓪【不満】◆〈名・形動〉 不満⇔満足「まんぞく」

ふむ ⓪【踏む】〈他五〉 踏，踩；履行（手续等）；经历过

ふやす ②【増やす・殖やす】〈他五〉 増加，増添⇔減らす

ふゆ ②【冬】〈名〉 冬天，冬季→はる春→なつ夏→あき秋

ぶり ◆〈接尾〉 样子，状态，情况；经过……时间之后

ふる ⓪【振る】〈他四〉 挥，摇，振；撒；分派；拒绝

ふる ①【降る】〈自五〉 下，降

ふるい ②【古い】〈形〉 年久的，陈旧的；以往的；旧的⇔新しい

ふるえる ⓪【震える】〈自下一〉 震动，哆嗦，打颤，发抖

ふるさと ②【故郷・郷里】▲〈名〉 故乡，老家

ふれる ⓪【触れる】◆〈自下一〉 触，接触；触及，言及；触犯

ふろ ②①【風呂】〈名〉 澡盆，浴池→シャワー〔淋浴〕

ぶん ①【分】〈名〉 份儿；部分；本分

ふんいき ③【雰囲気】◆〈名〉 气氛，空气

ぶんか ①【文化】〈名〉 文化

ぶんがく ①【文学】◆〈名〉 文学

ぶんかけい ⓪【文科系】▲〈名〉 文科⇔理科系〔理科〕

ぶんしょう ①【文章】〈名〉 文章

ぶんちゅう ⓪①【文中】◆〈名〉 文中，文章之中

ぶんつう ⓪【文通】〈名・サ変〉 通信，音信

ぶんぽう ⓪【文法】▲〈名〉 文法，语法

ぶんぼうぐ ③【文房具】〈名〉 文具

へい ⓪【塀】〈名〉	围墙，墙壁
へいき ⓪【平気】〈名·形動〉	沉着，冷静；不在乎，无动于衷
へいきん ⓪【平均】〈名·サ変〉	平均；平均值
へいせい ⓪【平成】◆〈名〉	平成（日本的年号，1989年为平成元年）
へいや ⓪【平野】〈名〉	平野，平原
へいわ ⓪【平和】〈名·形動〉	和平，和睦
へえ ①◆〈感〉	（表示惊讶）啊，唉，嘿；（表示应答）是，是的
へた ②【下手】〈名·形動〉	拙劣，拙笨；马虎，不谨慎 ⇔上手「じょうず」
べつ ⓪【別】〈名·形動〉	别，另外；区别，分别；除外，例外
べつに ⓪【別に】〈副〉	没有什么特别的，别无

【真题】「何かわるいことでもあるんでしょうか。」「いいえ、＿＿＿＿。」
　　　　A. わりあいに　　　B. ひじょうに　　　C. たしかに　　　D. べつに
答案　D
翻译　"是不是有什么不称心的事呀?""没有。"

へや ②【部屋】〈名〉	房间，屋子
へらす ⓪【減らす】◆〈他五〉	减，减少；削减⇔増やす
へる ⓪【減る】〈自五〉	减，减少；降低；磨损；饿⇔増える
へる ①【経る】〈自下一〉	经过；通过，路过
へん ⓪【辺】▲〈名〉	一带，附近；大致
へん ①【変】〈名·形動〉	怪，古怪，不对头；事变，事件
へんか ①【変化】〈名·サ変〉	变化，变更
べんきょう ⓪【勉強】〈名·サ変〉	学习，读书
へんじ ③【返事】〈名·サ変〉	答应，回答；回信，答复
べんとう ③【弁当】〈名〉	盒饭
べんり ①【便利】〈名·形動〉	便利，方便⇔不便

ほう ①【方】〈名・形動〉	方，方向；方面，一方
ぼうえき ⓪【貿易】〈名・サ変〉	贸易
ほうかご ⓪【放課後】〈名〉	放学后，下课后
ほうき ⓪①【箒】▲〈名〉	扫帚
ほうげん ③⓪【方言】◆〈名〉	方言
ほうこう ⓪【方向】〈名〉	方向；方针
ぼうし ⓪【帽子】▲〈名〉	帽子
ほうしき ⓪【方式】◆〈名〉	方式；方法
ほうそう ⓪【放送】〈名・サ変〉	广播，播送
ほうふ ⓪①【豊富】◆〈名・形動〉	丰富
ほうほう ⓪【方法】〈名〉	方法，办法
ほうめん ③【方面】◆〈名〉	方面，领域
ほうもん ⓪【訪問】〈名・サ変〉	访问，拜访
ほうりつ ⓪【法律】〈名〉	法律
ほうる ⓪【放る】〈他五〉	抛，扔；弃而不顾，放弃
ほうれんそう ③【ほうれん草】▲〈名〉	菠菜
ほか ⓪【外・他】〈名〉	其他，其余，另外；别处，别的地方；除……之外⇔うち「内」
ほがらか ②【朗らか】〈形動〉	开朗，爽朗，爽快
ぼく ①【僕】◆〈代〉	（男子的自称）我
ほくぶ ①【北部】◆〈名〉	北部
ほご ①【保護】〈名・サ変〉	保护
ほこり ⓪【誇り】〈名〉	自豪，骄傲；荣誉
ほこり ⓪【埃】〈名〉	尘埃
ほし ⓪【星】〈名〉	星星；斑点；星号；得分；目标→太陽〔太阳〕→月〔月亮〕
ほしい ②【欲しい】〈形・補形〉	想要，要；希望，愿意；（接在动词的连用形之后～てほしい）希望别人为自己做某事
ほす ①【干す】〈他五〉	晒，晾；喝干
ほそい ②【細い】〈形〉	细的，纤细的；狭小的⇔太い
ほぞん ⓪【保存】〈名・サ変〉	保存

ほど ⓪② 【程】 ◆ 〈名・副助〉	程度，度；一会儿，不久；左右，大约
ほどう ⓪ 【歩道】 ▲ 〈名〉	人行道→車道「しゃどう」〔車行道〕
ほとんど ② 【殆ど】 〈副・名〉	几乎，差一点；大体上，大部分

【真題】ここでは危険な仕事は＿＿＿＿ロボットにやらせています。
  A. ぜひ   B. まっすぐ   C. すぐに   D. ほとんど
  答案　D
  翻訳　在这里，危险的工作大部分让机器人来做。

ほね ② 【骨】 〈名・形動〉	骨头，骨；骨架，支架；核心，骨干；骨气；费劲，辛苦
ほめる ② 【誉める・褒める】 〈他下一〉	赞扬，表扬
ほん ① 【本】 〈名・接頭・接尾〉	书，书籍；本，此；（用于数细长的物体）根，只，条；（电影）部；（论文）篇

【真題】かばんの中にシャープペンシルが＿＿＿＿もあります。
  A. なんさつ   B. なんぼん   C. なんまい   D. なんだい
  答案　B
  翻訳　包里有几只自动铅笔。

【真題】きのう、映画を3＿＿＿＿も見ました。
  A. 場   B. 個   C. 巻   D. 本
  答案　D
  翻訳　昨天竟然看了3部电影。

ほんかくてき ⓪ 【本格的】 ◆ 〈形動〉	正式的，正规的；真正的
ほんだな ① 【本棚】 〈名〉	书架
ほんとう ⓪ 【本当】 〈名・形動〉	真，真的；实在，的确；本来，正常＝ほんと
ほんにん ① 【本人】 ◆ 〈名〉	本人
ほんや ① 【本屋】 ◆ 〈名〉	书店
ほんやく ⓪ 【翻訳】 〈名・サ変〉	翻译，笔译 ⇒通訳〔翻译，口译〕

ま

まあ ①〈形動・副・感〉	还算，还可以；嘿，(表示惊叹)哎哟；(招呼人)喂
まあまあ ③①▲〈副・形動・感〉	马马虎虎，凑合；好了好了；(表示惊叹)哎哟
まい【枚】〈接尾〉	(用于数纸、板、盘子等扁平的物体)枚，张
まいあさ ⓪①【毎朝】〈名〉	每天早上
まいにち ①【毎日】〈名〉	每天，每日，天天
まいばん ①⓪【毎晩】◆〈名〉	每晚
まいる ①【参る】◆〈自五・補動〉	(「行く」「来る」的谦让语)来，去，拜访；认输，投降；受不了，吃不消；(「てくる」的郑重语)
まえ ①【前】〈名〉	前，前面；以前；上次，上回 ⇔あと「後」⇔うしろ「後ろ」
まがる ⓪【曲がる】〈自五〉	弯，弯曲；拐弯，转弯；歪，倾斜
まく ⓪【巻く】〈他五〉	卷，卷起；缠，缠绕；拧，上
まける ⓪【負ける】〈自・他下一〉	输，败；屈服；不如⇔勝つ〔胜，赢〕
まご ②【孫】〈名〉	孙子，孙女；外孙，外孙女
まことに ⓪【誠に】▲〈副・感〉	真，实在，的确；非常
まさか ①▲〈名・副〉	难道，怎能；万一，一旦
まじめ ⓪【真面目】〈名・形動〉	认真，老实，踏实；诚实，正派
まじる ②【交じる・混じる】▲〈自五〉	夹杂，掺混；添加
まず ①【先ず】〈副〉	先，首先；大概，大体；暂且，总之
まずい ②【不味い】〈形〉	不好吃的，难吃的；拙劣的；不合适的 ⇔旨い「うまい」
まずしい ③【貧しい】〈形〉	贫穷的，贫困的；贫弱的；贫乏的

【真題】たとえ_____ても、家族一緒に暮らせるのが一番だ。

    A. まずしく   B. さびしく   C. かなしく   D. めずらしく

答案　A

翻译　哪怕贫穷，跟家人一起生活也很幸福。

ますます ②【益益】〈副〉	益，越来越，更加
まぜる ②【交ぜる・混ぜる】〈他下一〉	搀和，搀混；加上，加进
また ⓪【又】〈副・接続〉	再，还，又；同样，也，亦；另外，下次；同时；或者
まだ ①【未だ】〈副〉	还没，还未；还；此外；还算是

【真题】あれから＿＿＿＿＿一か月もたっていない。

      A. もう   B. また   C. いま   D. まだ

  答案　D

  翻译　从那时起还不到一个月。

または ②【又は】▲〈接続〉	或，或是
まだまだ ①〈副〉	还，仍，尚；还算，还是；还会
まち ②【町・街】〈名〉	城，城镇；街，大街↔田舎「いなか」
まちがい ③【間違い】◆〈名〉	错误，过错
まちがう ③【間違う】〈自五〉	错，弄错，搞错；不对；错误
まちがえる ④③【間違える】〈他下一〉	弄错，搞错
まちのぞむ ⓪【待ち望む】◆〈他五〉	盼望，期待
まっ【真っ】〈接頭〉	（接在名、形容词、形容动词前面表强调）完全，正，盛
まつ ①【松】〈名〉	松树，松树，松木；新年装饰门前的松枝
まつ ①【待つ】〈他五〉	等，等候；期待，指望
まっすぐ ③【真っ直ぐ】〈名・形動・副〉	直，笔直；一直，照直；正直，耿直
まったく ⓪【全く】〈副〉	完全，全然；实在，真；简直

【真题】彼があの発明に成功したのは＿＿＿＿＿の偶然だと言っていい。

      A. すべて   B. ときどき   C. わずか   D. まったく

  答案　D

  翻译　他的那项发明获得成功，可以说完全是偶然的。

まつり ⓪【祭り】▲〈名〉	祭祀，祭奠；祭日，庙会；节日；欢闹
まで【迄】◆〈副助〉	到，至；直到……程度，到……地步；就连……都

までに【迄に】◆〈連語〉	到……为止；在……之前
まど ①【窓】〈名〉	窗子，窗户
まどぐち ②【窓口】◆〈名〉	窗口
まとまる ⓪【纏まる】▲〈自五〉	解决；谈妥；凑齐，凑在一起；归纳起来，概括；有条理；齐心；统一，一致
まとめる ⓪【纏める】〈他下一〉	解决；商定；凑齐，集中；整理；概括；统一
まなぶ ⓪②【学ぶ】〈他五〉	学，学习；掌握，学会
まにあう ③【間違う】〈自五〉	赶得上，来得及；有用，起作用；够用
まねく ②【招く】〈他五〉	招，招呼；招待，宴请；招聘；招致，惹
まま ②【儘】〈名〉	原原本本，如实；随意，如意；听凭，听其自然
まもなく ②【間も無く】〈副〉	不久，一会儿

【真题】入社して＿＿＿＿、研修生として日本へ行くチャンスが与えられた。

　　　A. まもなく　　　B. いよいよ　　　C. たちまち　　　D. そろそろ

答案　A

翻译　进公司不久，就获得了去日本进修的机会。

まもる ②【守る】〈他五〉	保卫，保护；遵守，遵从
まよう ②【迷う】〈自五〉	迷，迷失；犹豫，踌躇
まるい ⓪②【丸い・円い】〈形〉	圆的，圆形的；圆满的，妥善的
まるで ⓪【丸で】〈副〉	好像，就像……一样；完全，简直
まわす ⓪【回す】〈他五〉	转，转动；围上；传递
まわり ⓪【周り】〈名〉	周围，四周
まわる ⓪【回る・廻る】〈自五〉	转，回转；巡回，巡视；周游，遍历；转移
まん ①【万】◆〈名〉	万
まんいん ⓪【満員】◆〈名〉	满员，满座；名额已满
まんが ⓪【漫画】〈名〉	漫画
まんぞく ①【満足】〈名・サ変・形動〉	满意，满足；令人满意
まんなか ⓪【真ん中・真中】〈名〉	正中，中间
まんねんひつ ③【万年筆】〈名〉	钢笔，自来水笔 ⇒ペン〔钢笔〕

みえる ②【見える】〈自下一〉	看见，看得见；看上去；（「来る」尊敬语）光临
みおくる ⓪【見送る】〈他五〉	目送；送行，送别
みおろす ⓪【見下ろす】▲〈他五〉	俯视，往下看；小看，藐视，蔑视
みがく ⓪【磨く】〈他五〉	刷（牙）；擦（亮）；磨练；装饰
みかた ⓪【味方】▲〈名・サ変〉	（对敌方而言）我方，自己这一方；伙伴，朋友
みかん ①【蜜柑】〈名〉	橘子，柑子
みぎ ⓪【右】〈名〉	右，右边；（竖写时的）上文，前文；胜过；右倾⟷ひだり 左
みごと ①【見事】〈形動〉	出色，精彩，巧妙；完全，漂亮
みこみ ⓪【見込み】〈名〉	希望，可能性；预料，估计，预定
みじかい ③【短い】〈形〉	短的，近的；短小的 ⇒長い
みず ⓪【水】〈名〉	水；凉水，冷水
みずうみ ③【湖】〈名〉	湖，湖泊
みせ ②【店】〈名〉	店，商店，店铺
みせる ②【見せる】〈他下一〉	出示，给……看，表示，显示；假装；一定要
みそしる ③【味噌汁】〈名〉	酱汤
みたい ◆〈助動〉	像……那样，像……一样；例如；好像
みち ⓪【道】〈名〉	道路；道
みつかる ⓪【見付かる】〈自五〉	被发现；能找出
みつける ⓪【見付ける】〈他下一〉	看到，找到，发现
みとめる ⓪【認める】〈他下一〉	看见，看到；认为，判定；承认，赏识；允许，许可
みどり ①【緑】〈名〉	绿色
みな ②【皆】〈名・代〉	全体，大家；全，都＝みんな
みなさん ②【皆さん】〈名・代〉	大家，诸位，各位
みなと ⓪【港】〈名〉	港，港口，码头
みなみ⓪【南】〈名〉	南，南方→ひがし東→にし西→きた北
みまい⓪【見舞い】▲〈名〉	探望，问候
みみ②【耳】〈名〉	耳朵；听觉，听力

みやげ⓪【土産】〈名〉	土产，特产；礼品，礼物
みる①【見る】〈他上一〉	看，观看；查看，观察；参观；估计，判断
みんぞく①【民族】〈名〉	民族
みんな③〈名・代〉	全体，大家；全，都＝みな

む

むかう ⓪【向かう】〈自五〉	朝，向；相对，面向；前往，前去；迎击
むかえる ⓪【迎える】〈他下一〉	迎接，欢迎；邀请，聘请
むかし ⓪【昔】〈名〉	从前，古时候；十年前
むき ①【向き】〈名〉	方向；倾向，趋向；适合，合乎；当真，生气

【真题】この雑誌はどちらかというと男性＿＿＿＿だ。

      A．むかい   B．むき   C．らしい   D．みたい

答案 B

翻译 这种杂志比较适合男性。

むく ⓪【向く】〈自五〉	向，朝；倾向，趋向；适合
むける ⓪【向ける】〈他下一〉	向，朝；派，派遣；挪用，拨用
むこう ⓪②【向こう】〈名〉	对方，前面；那边，那儿；对方；外国
むし ⓪【虫】〈名〉	虫；(小儿) 经常闹病；怒气，气愤
むしあつい ④【蒸し暑い】〈形〉	闷热的
むずかしい ⓪④【難しい】〈形〉	困难的，不容易；艰深，复杂；麻烦，繁琐的⇔易しい
むすこ ⓪【息子】〈名〉	儿子，男孩儿⇔むすめ 娘〔女儿〕
むすぶ ⓪【結ぶ】〈他五〉	系，结；结合；缔结
むすめ ③【娘】〈名〉	女儿；少女，姑娘⇔むすこ 息子〔儿子〕
むだ ⓪【無駄】〈名・形動〉	徒劳，白费；浪费
むだづかい ③【無駄遣い】◆ 〈名・サ変〉	浪费
むね ②【胸】〈名〉	胸，胸部；心，心脏；心里，内心
むら ②【村】〈名〉	村子，乡村

むり ①【無理】〈名・サ変・形動〉　过分，过度；难以办到，勉强；无理，不讲理

むりょう ⓪【無料】▲〈名〉　免费⇔有料〔收费〕

め

め ①【芽】〈名〉　芽；卵胚，胚盘

め ①【目・眼】〈名〉　眼，眼睛；眼神，目光

めいしょきゅうせき ②-⓪　名胜古迹
【名所旧跡】〈名〉

めいれい ⓪【命令】◆〈名・サ変〉　命令

めいわく ①【迷惑】〈名・サ変・形動〉　麻烦，烦扰

めがね ①【眼鏡】〈名〉　眼镜

めぐまれる ⓪④【恵まれる】〈自下一〉　赋予，富有

めしあがる ⓪④【召し上がる】◆　（敬语）吃，喝
〈他五〉

【真題】お口に合うかどうか分かりませんが、どうぞ＿＿＿＿ください。
　　　A. 召しあがって　　　　B. いただいて
　　　C. 食べられて　　　　　D. 飲まれて
　答案　A
　翻译　不知合不合您的口味，请尝一尝。

めずらしい ④【珍しい】〈形〉　少有，不经常的；新奇，新颖；珍奇的，稀奇的

【真題】いつも早く来る友達がきょうは＿＿＿＿遅れた。
　　　A. めずらしく　　　B. はげしく　　　C. おそく　　　　D. よく
　答案　A
　翻译　平时总是早到的朋友今天难得迟到了。

めだつ ②【目立つ】〈自五〉　显眼，引人注目

めった ①【滅多】〈名・形動〉　胡乱，鲁莽；不常，不多，稀少

めんせき ①【面積】〈名〉	面积→体積〔体积〕→容積〔容积〕	
めんどう ③【面倒】▲〈名・形動〉	麻烦，费事，棘手；照顾，照料	

も

もう ①⓪〈副・感〉	已经；马上就要，快要；再，还，另外；非常；太不像话
もうしこむ ④⓪【申込む】〈他五〉	提议，提出；申请，应征
もうす ①【申す】◆〈他五〉	说，讲；叫做
もえる ⓪【燃える】〈自下一〉	燃烧，着火；热情洋溢
もくてき ⓪【目的】〈名〉	目的
もくひょう ②【目標】◆〈名〉	目标
もし ①【若し】〈副〉	要是，如果，假如，倘若
もじ ①【文字】〈名〉	字，文字＝もんじ
もしもし ①〈感〉	喂
もたらす ③▲〈他五〉	带来（去），招致
もちいる ③⓪【用いる】〈他上一〉	用，使用；采用，采纳；录用，任用
もちろん ②【勿論】〈副〉	当然，不用说，不待言
もつ ①【持つ】〈自・他五〉	持，拿；带，携带；有，持有，拥有
もっと ①〈副〉	更，更加；再稍微
もっとも ③【最も】〈副〉	最，顶
もと ①【元】▲〈名〉	原来，以前，过去；原任；原来的状态
もどす ②【戻す】▲〈他五〉	恢复，还原；还，归还；使……倒退
もとづく ③【基づく】◆〈自五〉	根据，基于，按照；由于，起因于
もとめる ③【求める】〈他下一〉	要求，寻求；追求；请求；买，购买
もどる ②【戻る】〈自五〉	恢复，还原；折回；回家
もの ②【者】〈自五〉	人，……的（人），者
もの ②⓪【物】〈名〉	东西，物品；所有物；产品
ものがたり ③【物語】〈名・サ変〉	故事；传说

ものごと ②【物事】〈名〉　　　　　事物，事（情）

【真題】いつでも_____がそんなにうまくいくとはかぎらない。
　　　　A．ものごと　　B．ものがたり　　C．できごと　　　D．いきもの
　答案　A

ものすごい ④【物凄い】〈形〉　　　可怕的，令人害怕的；猛烈的，不得了的
もみじ ①【紅葉】▲〈名〉　　　　　红叶；枫树；变红
もやす ⓪【燃やす】〈他五〉　　　　烧，燃烧；燃起，迸发出，激起
もより ⓪【最寄り】◆〈名〉　　　　附近，靠得最近的
もらう ⓪〈他五・補動〉　　　　　　得到，接受；承担，接受；要（来）；（接
　　　　　　　　　　　　　　　　　　在动词的「て」形之后，表示从他人那里
　　　　　　　　　　　　　　　　　　得到恩惠）请，让

【真題】「李さんの地図はいいですね。どこで買ったんですか。」
　　　　「買ったんじゃなくて、ホテルの人に_____んです。」
　　　　A．もらった　　　　B．くれた　　　　C．やった　　　　D．あげた
　答案　A
　翻译　"小李的地图不错啊，在哪里买的呀?""不是买的，是饭店的人给的。"

もり ⓪【森】〈名〉　　　　　　　　森林，树林
もん ①【門】〈名〉　　　　　　　　门，大门；关口，难关
もんく ①【文句】◆〈名〉　　　　　词语；意见，牢骚，异议
もんだい ⓪【問題】〈名〉　　　　　题目，问题；事情；课题；纠纷

や

や ①【屋】〈名・接尾〉　　　　　　房屋，房子；店铺；职业
やがて ⓪〈副〉　　　　　　　　　不久，马上；毕竟，就

【真題】こんな生活を続けていると、_____病気で入院するかもしれません。
　　　　A．ぜひ　　　　B．やがて　　　　C．とうとう　　　　D．かならず
　答案　B
　翻译　如果这样的生活持续下去的话，或许不久会生病住院。

やかん ①①【夜間】◆〈名〉	夜间⇔昼间〔白天〕
やきゅう ①【野球】〈名〉	棒球
やく ①【焼く】〈他五〉	烧；烧毁；烧制；烤，焙
やく ①【約】〈名・副〉	约定，商定；大约，大体
やく ②【役】〈名〉	任务，工作；职务；角色
やくす ②【訳す】▲〈他五〉	翻译；解释＝訳する
やくそく ①【約束】〈名・サ変〉	约定；规则，规定；指望，前途
やくだつ ③【役立】〈自五〉	有用，有益；发挥作用 ⇒役に立つ
やくわり ③①【役割】〈名〉	任务，职务；作用
やける ①【焼ける】▲〈自下一〉	着火，燃烧；烧成，炼制，烤制；晒黑；晒褪色
やさい ①【野菜】〈名〉	青菜，蔬菜
やさしい ①③【優しい】〈形〉	和蔼，和气；优美，柔和；恳切；慈祥的，体贴的
やすい ②〈形・接尾〉	容易的，简单的；（接在动词的连用形之后）易于……，容易……

【真题】梅雨の時期は、食べ物が腐り＿＿＿＿＿から、気をつけてください。
　　　A. やすい　　　　B. にくい　　　　C. はやい　　　　D. おおい
　　答案　A
　　翻译　梅雨季节食物容易腐烂，请注意。

やすい ②【安い】〈形〉	便宜的，低廉的；安静的，平静的⇔高 い
やすみ ③【休み】〈名〉	休息；请假，不上班；休假，假日
やすむ ②【休む】〈自五〉	休息，歇；请假，不上班；停，暂停
やすもの ①【安物】◆〈名〉	便宜货
やせる ①【痩せる】〈自下一〉	瘦；瘠薄
	⇔太る〔胖〕⇔肥える「こえる」〔肥〕
やっと ①〈副〉	好不容易，终于；勉勉强强

【真题】時間がかかりましたが、＿＿＿＿＿終わりました。
　　　A. やっと　　　　B. いよいよ　　　　C. たちまち　　　D. さっそく
　　答案　A
　　翻译　花了些时间，不过终于完成了。

やなぎ ⓪【柳】▲〈名〉	柳，杨柳
やはり ②〈副〉	仍然，还是；也，同样；归根结底（虽然）……但还是＝やっぱり
やぶれる ③【破れる】◆〈自下一〉	撕，撕破；打破；决裂
やま ②【山】〈名〉	山
やまおく ③【山奥】▲〈名〉	深山里
やまみち ②【山道】◆〈名〉	山道，山路
やまやま ②【山山】〈名・副〉	群山；很多
やむ ⓪【止む】〈自五〉	停止，中止，停息

【真題】「明日の天気は大丈夫でしょうか。」
「ええ、雨は今夜のうちに_____と思います。」
A. とまる　　B. やめる　　　C. やむ　　　D. つづく
　答案　C
　翻译　"明天的天气没问题吧。""唉，我想雨今晚会停。"

やめる ⓪【止める】〈他下一〉	停止，放弃，取消；忌，戒
やる ⓪【遣る】〈他五〉	做，搞；给；派去，派遣
やわらかい ④【柔らかい・軟らかい】〈形〉	软，嫩，柔软的；柔和；通俗，轻松⇔硬い

ゆ

ゆ ①【湯】〈名〉	开水，热水；洗澡水，浴池；温泉
ゆうい ①【優位】◆〈名〉	优势，优越地位
ゆうがた ⓪【夕方】〈名〉	傍晚
ゆうき ①【勇気】〈名〉	勇气
ゆうしゅう ⓪【優秀】◆〈名・形動〉	优秀，优异
ゆうしょく ⓪【夕食】▲〈名〉	晚饭，晚餐
ゆうじん ⓪【友人】〈名〉	友人，朋友
ゆうびんきょく ③【郵便局】〈名〉	邮局
ゆうべ ⓪③【夕べ】〈名〉	傍晚；晚会
ゆうめい ⓪【有名】〈名・形動〉	有名，著名

ゆえに ②【故に】◆〈接続〉	所以，故
ゆか ⓪【床】〈名〉	地板
ゆき ②【雪】〈名〉	雪
ゆしゅつ ⓪【輸出】〈名・サ変〉	出口，输出⇔輸入〔进口〕
ゆずる ⓪【譲る】〈他五〉	转让，让给；谦让，让步；出让，卖给
ゆたか ①【豊か】〈形動〉	丰富，富裕，充裕，宽裕；丰盈，丰满；足够，十足；悠然
ゆだん ⓪【油断】〈名・サ変〉	疏忽，大意
ゆっくり ③〈副・サ変〉	慢慢，不着急；舒适，舒服；充裕，充分
ゆでる ②【茹でる】◆〈他下一〉	煮，烫
ゆにゅう ⓪【輸入】〈名・サ変〉	进口，输入
ゆび ②【指】〈名〉	指，指头
ゆめ ②【夢】〈名〉	梦；梦想，幻想；理想
ゆるす ②【許す】〈他五〉	允许/许可；饶恕，宽恕；免/免除；承认；放松警惕/不小心
ゆるやか ②【緩やか】〈形動〉	缓慢，缓和；宽松，宽大；舒畅
ゆれる ⓪【揺れる】〈自下一〉	摇晃，摇摆，摆动

よ

よい ①【良い】〈形〉	好的，优秀的；最好的，应该的；行的，可以的⇔悪い
よう ①【用】〈名〉	事情；用途，用处；使用
ようい ①【用意】〈名・サ変〉	准备，预备；注意，防备
ようか ⓪【八日】〈名〉	八号
ようきゅう ⓪【要求】◆〈名・サ変〉	要求
ようじ ⓪【用事】〈名・サ変〉	事，事情
ようす ⓪【様子】〈名〉	样子，神情；情况，动向；仪表，姿态
ようせい ⓪【要請】◆〈名・サ変〉	请求，要求
ようそ ①【要素】◆〈名〉	要素，因素
ようふく ⓪【洋服】〈名〉	(不同于和式的)西式服装
よく ①【良く】〈副〉	认真地，仔细地；常常，动不动就；竟能，居然；非常，很
よこ ⓪【横】〈名〉	横；宽度；侧面⇔縦〔纵，竖〕

よごれる ⓪【汚れる】〈自下一〉	变脏，被污染
よしゅう ⓪【予習】〈名・サ変〉	预习
よそう ⓪【予想】◆〈名・サ変〉	预想，预料，预计
よてい ⓪【予定】〈名・サ変〉	预定，预计，计划，准备
よのなか ②【世の中】▲〈名〉	世间，世上，社会；时代
よびかける ④【呼び掛ける】▲〈他下一〉	号召，呼吁；呼唤，(打) 招呼
よぶ ⓪【呼ぶ】〈他五〉	招呼，呼唤；叫来，唤来
よほう ⓪【予報】▲〈名・サ変〉	预报
よむ ①【読む】〈他五〉	读，念；看，阅读；体察，揣摩
よやく ⓪【予約】〈名・サ変〉	预约，预订
よる ⓪【因る・由る・依る・拠る】〈自五〉	因为，由于；在于，取决于，要看；通过，凭借；按照，根据

【真题】 おかしいな、地図_____、この先は行き止まりだ。
　　　　A. に応じて　　　B. について　　　C. によると　　　D. に限って
　　答案　C
　　翻译　奇怪，在地图上，前面路走不通。

【真题】 今夜はところに_____、大雪になるかもしれない。
　　　　A. よって　　　B. たいして　　　C. ついて　　　D. つれて
　　答案　A
　　翻译　今晚在有些地方可能会下大雪。

よる ⓪【寄る】〈自五〉	挨近，靠近；集中，聚集；顺便去，顺路到

【真题】銀行に_____から、家へ帰ります。
　　　　A. よって　　　B. やって　　　C. とおって　　　D. よめて
　　答案　A
　　翻译　顺便去趟银行再回家。

よる ①【夜】〈名〉	夜里，晚上
よろこぶ ③【喜ぶ・慶ぶ】〈自五〉	欢喜，高兴；欣然接受，欢迎
よろしい ③⓪【宜しい】〈形〉	好的，适当的；不用的，无需的

よわい ②【弱い】〈形〉	软弱的；脆弱的，不结实的；不擅长的，怕……⇔強い

ら

ら【等】〈接尾〉	（接表人的名词以及代词后表复数）等，们；（表自谦或轻蔑）一些
らいしゅう ⓪【来週】〈名〉	下星期
らいねん ⓪【来年】〈名〉	明年
らく ②【楽】〈名・形動〉	快乐，舒适；简单，轻松
らんぴつ ⓪【乱筆】◆〈名〉	字迹潦草
らしい〈助動・接尾〉	像是，似乎，好像；真是个……，像……似的

【真題】あの方は学生の指導に熱心で、本当に先生_____先生ですね。

　　　A. らしい　　　　B. のらしい　　　C. ような　　　D. のような

　答案　A

　翻译　那位老师指导学生很热心，真是个好老师。

り

りかい ①【理解】〈名・サ変〉	理解，理会，懂得；谅解，体谅
りかけい ⓪【理科系】〈名〉	理科⇔「文科」
りくじょうきょうぎ ⑤【陸上競技】▲〈名〉	田径
りつ ①【率】◆〈名〉	比率
りっぱ ⓪【立派】〈形動〉	出色，优秀；宏伟，壮丽；充分，十分，完全
りゆう ⓪【理由】〈名〉	理由，缘故；借口
りゅうがく ⓪【留学】〈名・サ変〉	留学
りゅうがくせい ③④【留学生】◆〈名〉	留学生
りよう ⓪【利用】〈名・サ変〉	利用
りょう ①【寮】〈名〉	宿舍
りょう ①【量】◆〈名〉	量，分量，数量

りょうがえ ⓪【両替】〈名〉	兑换，换钱
りょうがわ ⓪【両側】〈名〉	两边，两侧⇔片側〔一側〕
りょうしん ①【両親】〈名〉	父母，双亲
りょうほう ③⓪【両方】◆〈名〉	双方，两方；两边⇔片方〔一方〕
りょうり ①【料理】〈名・サ変〉	菜，饭菜；烹调，做菜；料理，处理
りょこう ⓪【旅行】〈名・サ変〉	旅行，旅游
りんご ⓪【林檎】〈名〉	苹果

る

るす ①【留守】〈名・サ変〉	不在家；看家，看门
るすばんでんわ ⑤【留守晩電話】▲〈名〉	录音电话

れ

れい ①【例】〈名〉	常例，惯例；先例，前例；例子，事例
れい ①【礼】〈名〉	礼法，礼节，礼貌；敬礼，鞠躬；道谢，谢词；礼品，送礼
れいがい ⓪【例外】◆〈名〉	例外
れいぎ ③【礼儀】〈名〉	礼法，礼节，礼貌
れいぞうこ ③【冷蔵庫】〈名〉	冰箱，冷藏室
れきし ⓪【歴史】〈名〉	历史
れんしゅう ⓪【練習】〈名・サ変〉	练习
れんらく ⓪【連絡】〈名・サ変〉	联络，联系；联结，联合

ろ

ろうか ⓪【廊下】〈名〉	走廊，楼道
ろうじん ⓪【老人】〈名〉	老人
ろうねん ⓪【老年】◆〈名〉	老年
ろくおん ⓪【録音】〈名・サ変〉	录音
ろんぶん ⓪【論文】▲〈名〉	论文

わかい ②【若い】〈形〉	年轻的；（年纪）小的；幼稚的；未成熟的；不够老练的
わがくに ①【我が国】〈名〉	我国
わかす ⓪【沸かす】▲〈他五〉	烧开，烧热；使……沸腾
わかむき ⓪【若向き】◆〈名〉	适合年轻人的
わかもの ⓪【若者】〈名〉	年轻人，青年
わかる ②【分かる】〈自五〉	懂，明白；知道，晓得；通情达理
わかれる ③【分かれる】〈自下一〉	分开，分歧；区分，区别
わかれる ③【別れる】〈自下一〉	离别，分手；离婚
わく ⓪【沸く・湧く】〈自五〉	沸腾，烧开；激动，兴奋
わける ②【分ける】〈他下一〉	分开；划开，划分；分类，区别
わざと ①【態と】〈副〉	故意地，有意地；特意地
わざわざ ①〈副〉	特意；故意地
わずか ①【僅か】〈副・形動〉	仅，一点点；微，稍
わすれもの ⓪【忘れ物】〈名〉	遗失的东西，遗失物
わすれる ⓪【忘れる】〈他下一〉	忘记，忘掉；忘怀，忘却；遗忘，忘在
わた ②【綿】〈名〉	棉；棉花；丝棉
わだい ⓪【話題】◆〈名・サ変〉	话题，谈话材料
わたくし ⓪【私】▲〈代・名〉	（用于正式的场合）我；私人的；私利
わたし ⓪【私】▲〈代〉	我
わたりどり ③【渡り鳥】〈名〉	候鸟
わたす ⓪【渡す】〈他五〉	交，交给；渡；架，搭

【真题】事務所に山田さんという人がいますから、その人にこれを＿＿＿＿＿＿ください。

　　　A．わたして　　　B．わたって　　　C．こたえて　　　D．あずかって

答案　A

翻译　山田先生在办公室，请把这个交给他。

わたる ⓪【渡る】〈自五〉	渡，过；迁徙；在……范围内；持续，延续；涉及，关系到

【真题】ボランティア活動は全国に＿＿＿＿＿＿行われました。

      A. わたって　　　　　　　B. かかわって

      C. かけて　　　　　　　　D. たいして

答案　A

翻译　志愿者活动在全国范围内进行。

【真题】ことしの農業展覧会は上海で8日間＿＿＿＿＿行われた。

      A. にともなって　　　　　B. にそって

      C. にわたって　　　　　　D. にしたがって

答案　C

翻译　今年的农业展览会在上海举办了八天。

わらう ⓪【笑う】〈自・他五〉	笑；嘲笑，嗤笑；（花）开
わりあい ⓪【割合】〈名・副〉	比例；比较起来
わる ⓪【割る】〈他五〉	打碎，打坏；割开，切开
わるい ②【悪い】〈形〉	坏，不好的；恶性的，有害的；不对的，错误的⇔いい/よい
われる ⓪【割れる】〈自下一〉	破裂，裂开；分散，分裂；暴露，泄漏
われわれ ⓪【我々】▲〈代・名〉	我们，咱们；我

片假名词汇

アイスクリーム ⑤（icecream）〈名〉　　冰激凌，冰糕
アイディア ③①（idea）〈名〉　　　　　　主意，想法；观念

【真题】「子供の国」は_____にあふれた、楽しい公園だ。
　　　　A．アイディア　　　　　　　B．モーターボート
　　　　C．マルチメディア　　　　　D．ヨーロッパ
　答案　A
　解析　其他选项的原语及其意思：B motor boat（摩托艇）；C multimedia（多媒体）；
　　　　D Europe（欧洲）。
　翻译　"儿童国"是充满了创意的欢乐的公园。

アジア ①（Asia）〈名〉　　　　　　　　亚洲，亚细亚→アフリカ〔非洲〕→アメ
　　　　　　　　　　　　　　　　　　　　リカ〔美洲〕→ヨーロッパ〔欧洲〕
アドバイザー ③（adviser）◆〈名〉　　　顾问，参谋
アドバイス ③①（advice）▲　　　　　　劝告，提意见
〈名・サ変〉
アナウンサー ③（announcer）〈名〉　　　播音员
アニメ ①⓪（animation）〈名〉　　　　　动画片，动画制作法
アパート ②（apartment house）〈名〉　　公寓＝アパートメント・ハウス
アフリカ ⓪（Africa）▲〈名〉　　　　　非洲
アメリカ ⓪（America）〈名〉　　　　　　美国
アルバイト ③（ドイツ語 Arbeit）　　　　兼职，副业；工读生＝バイト
〈名・サ変〉
アルバム ⓪（album）〈名〉　　　　　　　相片册，照相簿，影集，纪念册
アンケート ①③（フランス語　　　　　　问卷调查，征询意见
enquête）▲〈名〉
イーメール ④（e-mail）▲〈名〉　　　　电子邮件
イギリス ⓪（ポルトガル語　　　　　　　英国
Inglez）◆〈名〉
イメージ ①②（image）▲〈名・サ変〉　形象，印象；映像，图像

インク ①⓪ (ink)〈名〉	墨水，油墨＝インキ
インスタント ①④ (instant)〈名・形動〉	即席，速成
インターネット ⑤ (internet)▲〈名〉	因特网
ウォークマン ① (walkman)▲〈名〉	随身听
エアコン ⓪ (airconditioner)〈名〉	空气自动调节（器），温度调节（器）
エスカレーター ④ (escalator)〈名〉	自动扶梯，自动进级
エレベーター ③ (elevator)〈名〉	电梯，升降机
オートバイ ③ (auto＋bicycle)▲〈名〉	摩托车，机器脚踏车
オープン ① (open)〈名・形動・サ変〉	公开（赛）；敞篷（车）；（游泳）自由式
オリンピック ④ (olympic)▲〈名〉	奥林匹克
カーテン ① (curtain)	幕，帘子；屏障
カード ① (card)〈名〉	卡，卡片；纸牌，扑克牌；节目，编组
ガイド ① (guide)〈名・サ変〉	向导（者），导游；指南，入门书
ガス ① (gas)〈名〉	煤气，瓦斯；气，气体
カセットテープ ⑤ (cassette tape)〈名〉	盒式（录音带）录音机
ガソリン ⓪ (gasoline)▲〈名〉	汽油
ガム ① (gum)〈名〉	口香糖
カメラ ① (camera)〈名〉	照相机
カラー ① (color)〈名〉	色，彩色，色彩；颜料；特色，色彩，独特的风格
カラオケ ⓪◆〈名〉	卡拉OK
ガラス ① (オランダ語 glas)〈名〉	玻璃
カルチャー ① (culture)◆〈名〉	文化，教养
カレンダー ② (calendar)〈名〉	日历，年历，挂历

【真题】友達との約束を忘れないように、＿＿＿＿に印をつけました。

  A. カセット B. カレンダー C. ガソリン D. カーテン

答案 B

解析 其他选项的原语及意思：A cassette（盒式录音带）；C gasoline（汽油）；D curtain（窗帘）。

翻译 为了不忘记和朋友的约定，在日历上做了标记。

キャベツ ① （cabbage）〈名〉	卷心菜
ギョーザ ⓪【餃子】▲〈名〉	饺子
キログラム ③ （kilogram）◆〈名〉	千克，公斤
クラス ① （class）〈名〉	班，级；阶级，等级
クラスメート ④ （classmate）〈名〉	同班同学＝同級生「どうきゅうせい」
クラブ ① （club）〈名〉	俱乐部
グラム ① （gram）◆〈名〉	克
グランド ⓪ （ground）▲〈名〉	运动场，竞技场＝グラウンド
クリスマス ③ （Christmas）▲〈名〉	圣诞节
グループ ② （group）〈名〉	群，组，团体
クレジットカード ⑥ （credit card）▲〈名〉	信用卡
ケーキ ① （cake）〈名〉	蛋糕
コース ① （course）〈名〉	路线；游道，跑道；课程
コート ① （coat）〈名〉	外套，女短大衣；上衣
コーヒー ③ （coffee）〈名〉	咖啡
コーラ ① （cola）〈名〉	可乐
ゴール ① （goal）〈名〉	终点；球门，球篮；（奋斗的）目标
コック ① （オランダ語 kok）▲〈名〉	厨师
コップ ⓪ （オランダ語 kop）〈名〉	玻璃杯，杯子
コピー ① （copy）〈名・サ変〉	抄本，副本；文稿；拷贝，复制
コマーシャル ② （commercial）〈名〉	（电视台播放的）商业广告；商业的，商务的

【真题】テレビや新聞などの広告のことを外来語で＿＿＿＿＿と言います。

A．スケジュール B．スケージュル

C．コマーシャル D．コマシャール

答案 C

解析 选项 A 是"时间表，日程表"的意思。选项 B、D 分别是选项 A、C 的错误的书写形式，是纯粹的干扰项。

翻译 电视以及报纸等的广告的外来语是「コマーシャル」。

ゴム ① （オランダ gom）▲〈名〉	橡胶；橡皮
コンサート ①③ （concert）〈名〉	音乐会，演奏会

コンビニ ⓪ (convenience store) 〈名〉	便利店＝コンビニエンス・ストア
コンピュータ ③ (computer) 〈名〉	计算机，电脑＝コンピューター
サービス ① (service) 〈名・サ変〉	服务；接待，招待；廉价出售；免费赠送
サッカー ① (soccer) 〈名〉	足球
サラダ ① (salad) 〈名〉	色拉，凉拌菜
サラリーマン ③ (salariedman) 〈名〉	工薪人员，工薪阶层，公司职员
サンダル ⓪① (sandal)	凉鞋；拖鞋
サンドイッチ ④ (sandwich) 〈名〉	三明治，夹心面包
シーズン ① (season) ▲ 〈名〉	季节，旺季 ⇒季節「きせつ」
シーツ ① (sheet) ◆ 〈名〉	床单，褥单
シーディー ③ (compact disk) ▲ 〈名〉	CD，唱片
ジャーナリスト ④ (journalist) ▲ 〈名〉	记者，媒体工作者
シャープペンシル ④ (sharp＋pencil) 〈名〉	自动铅笔
シャツ ① (shirt) 〈名〉	衬衫，衬衣
ジャム ① (jam) ▲ 〈名〉	果酱
シャワー ① (shower) 〈名〉	淋浴→風呂〔池浴〕
ジュース ① (juice) 〈名〉	汁，汁液，果汁
ジョギング ⓪ (jogging) 〈名・サ変〉	跑步，慢跑
シルクロード ④ (Silk Road) 〈名〉	丝绸之路
シンボル ① (symbol) ▲ 〈名〉	象征；符号
スイッチ ②① (switch) 〈名〉	开关；路闸，道岔
スーツ ① (suit) ▲ 〈名〉	套服，西服
スーパー ① (supermarket) 〈名〉	超市，自选商场＝スーパー・マーケット
スープ ① (soup) ◆ 〈名〉	汤
スカート ② (skirt) 〈名〉	裙子
スキー ② (ski) 〈名〉	滑雪；滑雪板
スケート ⓪② (skate) 〈名〉	冰鞋，冰刀；滑冰，溜冰
スケジュール ②③ (schedule) 〈名〉	时间表，日程表，预定计划表

【真題】きょうの社長の＿＿＿＿は、10時から会議、午後1時にお客さんと昼食です。

A. スケッチ　　B. スケジュール　　C. スピーチ　　D. スポーツ

スケッチ ② (sketch)〈名·サ変〉	素描；写生（画），速写（画）；小品文
スタート ②⓪ (start)〈名·サ変〉	出发（点），起动，开始，开端
スタイル ② (style) ◆〈名〉	样式，型式；风格，风采
スタンド ⓪ (stand) ▲〈名〉	台，座；看台，观览席；销售处，小卖部
ステレオ ⓪ (stereo)〈名〉	立体；立体声，立体声设备
ストーブ ② (stove)〈名〉	炉子，火炉
ストップ ② (stop) ▲〈名·サ変〉	停止，中止；停止信号；停下，站住
スピーカー ② (speaker) ◆〈名〉	喇叭，扩音器，音箱
スピーチ ② (speech)〈名〉	讲话，演说，致词
スピード ② (speed)〈名〉	速度；快速，迅速

スプーン ② (spoon)〈名〉	汤匙
スポーツ ② (sport)〈名〉	运动，游戏
ズボン ②① (フランス語 jupon)〈名〉	裤子，西（服）裤
スリッパ ①② (slipper) ▲〈名〉	（在室内穿的）拖鞋
セーター ① (sweater)〈名〉	毛衣
ゼロ ① (zero)〈名〉	零
センター ① (center)〈名〉	中心，中央
センチ ① (centimeter)〈名〉	厘米＝センチメートル

センテンス ① (sentence) ▲ 〈名〉		句，句子	
ソフトウェア ④ (software) ▲ 〈名〉		软件⇔ハードウェア〔硬件〕	
タオル ① (towel) 〈名〉		毛巾→ハンカチ〔手帕〕	
タクシー ① (taxi) 〈名〉		计程车，出租车	
ダム ① (dam) ▲ 〈名〉		水坝，拦河坝；水库	
ダンス ① (dance) ▲ 〈名·サ変〉		舞蹈，交际舞	
チーズ ① (cheese) 〈名〉		奶酪	
チーム ① (team) 〈名〉		组，团体；队	

【真题】団体競技に勝つためには、_____一人一人がんばらなければならない。

　　　A．チーム　　　　　B．グループ　　　　C．メンバー　　　　D．グラス

チケット ②① (ticket) ▲ 〈名〉	票，券；入场券	
チャンス ① (chance) 〈名〉	机会，时机	
チャンネル ⓪① (channel) ▲ 〈名〉	波段，频道	
チョーク ① (chalk) 〈名〉	粉笔	
チョコレート ③ (chocolate) 〈名〉	巧克力	
ティーシャツ ⓪ (T-shirt) ▲ 〈名〉	圆领衫，T恤	
ティッシュ ① (tissue) 〈名〉	餐巾纸；卫生纸	
データ ①⓪ (data) ▲ 〈名〉	论据，资料	
テープ ① (tape) 〈名〉	带，胶带；磁带；窄带	
テーブル ⓪ (table) 〈名〉	桌子，台子；饭桌，餐桌	
テープレコーダー ⑤ (tape recorder)〈名〉	（磁带）录音机	
テーマ ① (theme) 〈名〉	主题，中心思想	

テキスト ①② (text) 〈名〉	原文；文本，底本；教材，课本，讲义
デザイン ② (design) 〈名・サ変〉	设计（图），图案
テスト ① (test) 〈名・サ変〉	考试，测验；检验；彩排→試験〔考试〕
テニス ① (tennis) 〈名〉	网球
デパート ② (department store) 〈名〉	百货商店，百货公司＝デパートメント・ストア＝百貨店「ひゃっかてん」
テレビ ① (television) 〈名〉	电视（机）＝テレビジョン
ドア ① (door) 〈名〉	门，扉
トイレ ① (toilet) 〈名〉	厕所，洗手间→お手洗い〔洗手间〕
トマト ① (tomato) 〈名〉	番茄，西红柿
トラック ② (truck) 〈名〉	卡车
ドラマ ① (drama) 〈名〉	戏，戏剧；剧本；戏剧文学→テレビドラマ〔电视剧〕
ドル ① (dollar) ▲ 〈名〉	美元；(其他国家的)元
トン ① (ton) ◆ 〈名〉	吨
トンネル ⓪ (tunnel) 〈名〉	隧道，隧洞
ナイフ ① (knife) 〈名〉	小刀；餐刀
ナンバー ① (number) ▲ 〈名〉	数，数字，号码；牌照，号码牌；期，号；曲目
ニュース ① (news) 〈名〉	新闻，消息；新鲜事
ネオン ① (neon) ▲ 〈名〉	霓虹灯
ネクタイ ① (necktie) 〈名〉	领带
ノー ① (no) 〈名・感〉	不（同意）；没有，不必要
ノート ① (note) 〈名・サ変〉	笔记，记录；注解，注释；笔记本
ノック ① (knock) ▲ 〈名〉	敲打；敲门
パーセント ③ (percent) 〈名〉	百分率，百分数，百分之……
パーティー ① (party) 〈名〉	联欢会，晚会；小队，小组
ハードウェア ④ (hardware) ▲ 〈名〉	硬件⇔ソフトウェア〔软件〕
ハーモニカ ⓪ (harmonica) ▲ 〈名〉	口琴
バイオリン ⓪ (violin) 〈名〉	小提琴
ハイキング ① (hiking) 〈名・サ変〉	郊游，远足
ハイテク ⓪ (high-tech) ▲ 〈名〉	高科技
パイナップル ③ (pineapple) ▲ 〈名〉	菠萝
バス ① (bus) 〈名〉	公交车
パス ① (pass) 〈名・サ変〉	及格，合格；通过；传球

バスケットボール ⑥ (basketball) 〈名〉	篮球
バスてい ⓪ (bus停) ◆ 〈名〉	公交车站
パスポート ③ (passport) 〈名〉	护照
パソコン ⓪ (personalcomputer) 〈名〉	个人电脑，个人计算机
	＝パーソナル・コンピューター
バター ① (butter) 〈名〉	黄油，奶油
バドミントン ③ (badminton) ▲ 〈名〉	羽毛球
バナナ ① (banana) 〈名〉	香蕉
ハム ① (ham) 〈名〉	火腿
バレーボール ④	排球，排球运动
(volleyball) 〈名〉	
パン ① (pão) 〈名〉	面包
ハンカチ ③⓪ (handkerchief) 〈名〉	手绢，手帕→タオル〔毛巾〕
パンダ ① (panda) 〈名〉	熊猫
ハンドバッグ ④ (handbag) ▲ 〈名〉	(妇女用的) 手提包
ハンドブック ④ (handbook) ▲ 〈名〉	手册，指南
ハンドル ⓪ (handle) ▲ 〈名〉	方向盘，舵轮，车把；手柄，摇柄；把手
ハンバーガー ③ (hamburger) 〈名〉	汉堡包
ピアノ ⓪ (piano) 〈名〉	钢琴
ビール ① (オランダ語 bier) 〈名〉	啤酒
ピザ ① (pizza) 〈名〉	比萨饼
ビジネス ① (business) 〈名〉	事务，工作；商业，商务
ビスケット ⓪ (biscuit) ▲ 〈名〉	饼干
ビデオ ① (video) 〈名〉	录像，影像；录像机
ビル ① (building) 〈名〉	大楼，高楼，大厦＝ビルディング
ファックス ① (fax) ▲ 〈名〉	传真
フィルム ① (film) 〈名〉	胶卷，胶片；影片，电影；膜，薄膜
プール ① (pool) 〈名〉	游泳池

【真題】その日は寒かったと見えて、_____にはだれも入っていなかった。

    A．ルール   B．スキー   C．プール   D．スケート

答案　C

解析　其他选项的原语及意思：A rule（规则）；B ski（滑雪）；D skate（溜冰鞋）。

翻译　那天看样子有些冷，游泳池里一个人也没有。

プラス ⓪① (plus) 〈名・サ変〉	加号；正数；加上；利益，好处
	⇔マイナス〔负号〕
プラットホーム ⑤ (platform) 〈名〉	站台，月台＝ホーム
プリント ⓪ (print) ▲〈名・サ変〉	印刷，印刷品；油印的东西
ブレーキ ②⓪ (brake) 〈名〉	刹车，制动器；制止
プレゼント ② (present) 〈名・サ変〉	礼物，送礼
ページ ⓪ (page) 〈名〉	页
ベッド ① (bed) 〈名〉	床
ペット ① (pet) ▲〈名〉	宠物，玩赏动物
ベランダ ⓪ (veranda) ◆〈名〉	阳台，凉台
ヘリコプター ③ (helicopter) ▲〈名〉	直升飞机
ベル ① (bell) ▲〈名〉	铃，电铃
ペン ① (pen) 〈名〉	钢笔，笔＝万年筆「まんねんひつ」
ベンチ ① (bench) ▲〈名〉	长椅，长凳
ボート ① (boat) ▲〈名〉	小船，小艇
ホーム ① (home) ▲〈名〉	家，家庭
ホームステイ ⑤ (homestay) ◆〈名〉	（留学生等）寄宿在普通居民家里
ボール ⓪ (ball) 〈名〉	球，皮球
ボールペン ⓪ (ball pen) 〈名〉	圆珠笔
ポケット ②① (pocket) 〈名〉	口袋，衣兜；袖珍，小型
ポスター ① (poster) ▲〈名〉	广告画，招贴画
ポスト ① (post) 〈名〉	邮筒，信箱；地位，工作岗位
ボタン ⓪ (button) 〈名〉	纽扣，扣子；按钮
ホテル ① (hotel) 〈名〉	宾馆，饭店，旅馆
ボランティア ② (volunteer) 〈名〉	志愿者
マイナス ⓪ (minus) 〈名・サ変〉	负，负号；减，减号；负，阴
	⇔プラス〔正号〕

【真题】今朝は気温が＿＿＿＿になって、氷が張った。

　　　A．マイナス　　　B．マナー　　　C．マスコミ　　　D．マフラー

答案　A

解析　「マイナス」在这里是"零下"的意思。其他选项的原语及意思：B manner（规矩，礼节）；C masscommunication（大众传媒）；D muffler（围巾）。

翻译　今天早上气温降到零下，结了冰。

マスター ① (master) 〈名・サ変〉　　　主人，雇主，老板；师傅；硕士；精通，掌握

マッチ ① (match) 〈名〉　　　　　　　火柴

マナー ① (manner) 〈名〉　　　　　　礼貌，礼节；态度，风格

マフラー ① (muffler) 〈名〉　　　　　围巾

マラソン ⓪ (marathon) 〈名〉　　　　马拉松

マルチメディア④(multimedia) ▲ 〈名〉　多媒体

マンション ① (mansion) 〈名〉　　　　高级公寓，公寓大厦

ミルク ① (milk) 〈名〉　　　　　　　牛奶

メートル ① (metre) ◆ 〈名〉　　　　米

メール ① (mail) ▲ 〈名〉　　　　　　邮件

メニュー ① (menu) 〈名〉　　　　　　菜单，菜谱

【真题】この店では_____にない料理も食べられます。
　　　A．スケジュール　　B．アルバム　　　C．メニュー　　　D．アニメ
答案　C
解析　其他选项的原语及意思：A schedule（预定表，日程表）；B album（影集）；D animation（动画片）。
翻译　在这家店，菜单上没有的菜也能吃到。

メモ ① (memo) ▲ 〈名・サ変〉　　　笔记，备忘录

メンバー ① (member) 〈名〉　　　　　成员，会员

モーター ① (motor) ▲ 〈名〉　　　　发动机，马达

ヨーロッパ ③ (Europe) 〈名〉　　　　欧洲→アジア〔亚洲〕→アメリカ〔美洲〕→アフリカ〔非洲〕

ヨット ① (yacht) ◆ 〈名〉　　　　　帆船，游艇

ラーメン ①▲ 〈名〉　　　　　　　　拉面，面条

ライブ ① (live) ◆ 〈名・サ変〉　　　现场演奏会；现场直播

ラジオ ① (radio) 〈名〉　　　　　　　收音机

ラッシュアワー ④ (rush hour) ▲ 〈名〉（交通车辆）拥挤时刻，高峰时间

リーダー ① (leader) ▲ 〈名〉　　　　领导人，负责人

リズム ① (rhythm) ▲ 〈名〉　　　　　节奏，韵律，格调

ルール ① (rule) ◆ 〈名〉　　　　　　规则，规章，章程

レジ ① (register) ▲ 〈名〉　　　　　收款机；收银员＝レジスター

レストラン ① (restaurant) 〈名〉	餐厅
レベル ① (level) 〈名〉	水平，水准；水平面，水平线
レポート ② (report) 〈名・サ変〉	报告，报道；报告书，学术研究报告
ローラースケート ⑥ (rollerskate) ▲ 〈名〉	旱冰鞋
ロケット ② (rocket) ◆ 〈名〉	火箭
ロス ① (loss) ◆ 〈名・サ変〉	损失
ロッカー ① (locker) 〈名〉	橱柜，带锁橱柜；文件柜

【真题】重い荷物は駅の_____にいれましょう。

A. ロビー 　　　　　　B. ローラースークート

C. ロッカー 　　　　　D. ロボット

答案　C

解析　其他选项的原语及意思：A lobby（大厅）；B roller skate（旱冰鞋）；D robot（机器人）。

翻译　把重的行李放到车站的存物柜里。

| ロビー ① (lobby) 〈名〉 | 大厅，门厅；走廊；休息室 |

【真题】ホテルの_____にいすがあるので、そこで待っていてください。

A. ホーム 　　B. ロビー 　　C. トンネル 　　D. デパート

答案　B

解析　其他选项的原语及意思：A home（家庭）或 platform（月台）；C tunnel（隧道）；D department store（百货店）。

翻译　酒店的大厅里有椅子，请在那里等候。

ロボット ①② (robot) 〈名〉	机器人，机械人；自动装置；傀儡
ワープロ ⓪ (word processor) 〈名〉	打字机，文字处理机＝ワードプロセッサー
ワンピース ③ (one-piece) ▲ 〈名〉	连衣裙

第二部分　常用高频词汇
（按词性汇总）

说明：

1. 该部分词汇依据新课标初中部分词汇表、新课标高中部分词汇表、《普通高等学校招生全国统一考试大纲及考试说明（日语）》。
2. 带*号的词条是不作为考点的词。

外来語

アイスクリーム⑤	（名）	冰淇淋
アイディア③	（名）	想法，主意，念头，打算
アジア①	（名）	亚洲
アドバイス③	（名.动③他）	忠告，劝告，提建议
*アナウンサー③	（名）	广播员，播音员
アニメ①	（名）	动画片
アパート②	（名）	住宅楼，公寓
*アフリカ〇	（名）	非洲
アルバイト③	（名.动③自）	业余劳动，副业
*アルバム①	（名）	影集，集邮册
アンケート③	（名）	征询意见，问卷调查
*イーメール/Eメール②	（名）	电子邮件
イメージ①	（名）	形象，印象
*イベント〇	（名）	大型活动，事件，大事
*インク①	（名）	墨水
*インスタントラーメン④+⑦	（名）	方便面
インターネット⑤	（名）	互联网，因特网
*インタビュー①	（名.动③自）	采访
エアコン〇	（名）	空调
エレベーター③	（名）	电梯，升降梯
オリンピック②	（名）	奥运会
エスカレーター③	（名）	电梯，自动扶梯
*エネルギー③	（名）	能源，能量
エンジン①	（名）	发动机，引擎
*オートバイ③	（名）	摩托车
*オープン①	（名）	开放，敞开，公开，开业
*ガイド①	（名.动③他）	向导，导游
カーテン①	（名）	窗帘，幕
カード①	（名）	卡片
ガス①	（名）	煤气,(有毒)气体
*ガソリン〇	（名）	汽油
*ガム①	（名）	口香糖

カメラ①	（名）	照相机
*カラー ①	（名）	色，色彩
*カラオケ ○	（名）	卡拉OK
ガラス ○	（名）	玻璃
カレンダー②	（名）	年历，挂历
キャベツ ①	（名）	卷心菜
*キャンパス ①	（名）	校园
*ギョーザ ○	（名）	饺子
*グラウンド ②○	（名）	运动场，球场
クラス①	（名）	班级，等级
クラスメート④	（名）	同班同学
クラブ①	（名）	俱乐部，课外小组
*クリスマス③	（名）	圣诞节
*クリック②	（名）	点击，敲打
グループ ②	（名.动③他）	群，团体，集体
*クレジットカード⑥	（名）	信用卡
ケーキ①	（名）	西式糕点
ゲーム①	（名）	游戏
コース①	（名）	路线，航线，跑道，课程
コート①	（名）	外套，大衣
コーヒー③	（名）	咖啡
コーラ①	（名）	可乐
ゴール①	（名）	终点，决胜点
*コック①	（名）	厨师，炊事员
コップ ○	（名）	杯子
コピー①	（名.动③他）	复写，复印
*コマーシャル②	（名）	广告，电视广告
コミュニケーション④	（名）	交流，沟通
ゴム ①	（名）	橡胶，橡皮
コンサート①	（名）	演奏会，音乐会
*コンビニ ③	（名）	便民店
コンピューター③	（名）	电脑
サービス①	（名.动③自）	招待，服侍，奉送，特价
*サイン①	（名.动③自）	署名，签名

サッカー ①	（名）	足球
*サラダ①	（名）	色拉，冷盘
*サラリーマン③	（名）	工薪阶层
*サンダル ○	（名）	凉鞋
*サンドイッチ④	（名）	三明治
*シーズン①	（名）	（适宜某种活动的）季节，时期
シーディー○ 「CD」	（名）	CD
*ジャーナリスト⑥	（名）	记者，编辑，撰稿人
*シャープペンシル④	（名）	自动铅笔
ジャガいも○	（名）	马铃薯，土豆
シャツ①	（名）	衬衫
*ジャム①	（名）	果酱
シャワー①	（名）	淋浴
ジュース①	（名）	果汁
ジョギング○	（名.动③自）	慢跑
*シルクロード④	（名）	丝绸之路
シンボル①	（名）	象征
スイッチ②	（名）	开关
*スーツ①	（名）	套装西装
スーパー①	（名）	超市
スカート②	（名）	裙子
スキー ②	（名）	滑雪
スケート○	（名）	滑冰
スケジュール②	（名）	日程，日程表
スケッチ②	（名.动③他）	写生，素描
スタート②	（名.动③自）	出发，出发点
*スタンド○	（名）	灯台，看台
*ステレオ○	（名）	立体，立体声
*ストーブ②	（名）	火炉，暖炉
*ストップ②	（名.动③自）	停止，停顿
*ストレス②	（名）	精神疲劳，精神紧张
スピーチ ②	（名）	致词，演讲
スピード○	（名）	速度
スプーン③	（名）	汤匙，调羹

スポーツ②	（名）	体育运动
ズボン②	（名）	裤子
スリッパ②①	（名）	拖鞋
セーター①	（名）	毛衣
センター①	（名）	中心，中央
*センテンス①	（名）	句子
*ソフトウエア④	（名）	计算机软件，程序设备
*タイ①/ネクタイ①	（名）	领带
タオル①	（名）	毛巾
タクシー①	（名）	出租车
ダム①	（名）	堤坝，水库
*ダンス①	（名）	跳舞，舞蹈
*チーズ①	（名）	乳酪，干酪，酥酪
チーム①	（名）	团队
*チケット②	（名）	票，券
チャンス①	（名）	机会
*チャンネル①	（名）	频道
*チョーク①	（名）	粉笔
*ティーシャツ③	（名）	T恤衫
*ティッシュ〇	（名）	薄棉纸，化妆纸，纸巾
データ①	（名）	数据
テープ①	（名）	带子，录音（像）带
テーブル〇	（名）	饭桌，桌子
テーマ①	（名）	题目
*テキスト①	（名）	教材，教科书
デザイン②	（名.动③他）	设计，图案
テスト①	（名.动③他）	测试，测验
テニス①	（名）	网球
デパート②	（名）	百货商店
テレビ①	（名）	电视
チョコレート③	（名）	巧克力
ドア①	（名）	门
トイレ①	（名）	厕所，卫生间
トマト①	（名）	番茄，西红柿

*トラック②	（名）	卡车，跑道
*ドラマ①②	（名）	剧，演剧，剧本
*ドル①	（名）	美元
*トンネル〇	（名）	隧道
ナイフ①	（名）	小刀，餐刀
*ナンバー①	（名）	号码
ニュース①	（名）	消息，新闻
ノート①	（名）	笔记本
ノック①	（名.动③他）	敲门
パーセント③	（后缀）	百分之~
パーティー①	（名）	晚会，聚会
*ハードウェア④	（名）	计算机硬件
*バイオリン〇	（名）	小提琴
ハイキング①	（名）	郊游，徒步旅行
*ハイテク③	（名）	高端，先进，高端技术
バケツ〇	（名）	桶，木桶
バス①	（名）	公共汽车
*パス①	（名.动③自）	（考试）通过，合格
バスケットボール⑥	（名）	篮球
*パスポート③	（名）	护照
パソコン〇	（名）	个人电脑
バター①	（名）	奶油
*バドミントン③	（名）	羽毛球
バナナ①	（名）	香蕉
*ハム①	（名）	火腿
*バランス①	（名）	平衡，平均
*バレーボール④	（名）	排球
パン①	（名）	面包
ハンカチ〇	（名）	手帕
パンダ①	（名）	熊猫
*ハンドバッグ④	（名）	（妇女用）手提包
*ハンドブック④	（名）	手册，便览
*ハンドル〇	（名）	方向盘
ハンバーガー③	（名）	汉堡

ピアノ〇	（名）	钢琴
ビール①	（名）	啤酒
*ビザ①	（名）	签证，入境许可
*ビジネス①	（名）	事物，工作，商业，买卖
ビデオ①	（名）	录像
ビル①	（名）	大楼，大厦
*ファックス③	（名）	传真
プール①	（名）	游泳池
プラス①	（名.动③他）	加上，加号，正数，利益，好处
*プリント〇	（名.动③他）	打印，印刷品，题签
*ブレーキ②	（名）	制动器，车闸
プレゼント②	（名.动③他）	礼物
ページ〇	（后缀）	～页
ペキン[北京]①	（名）	北京
ペット①	（名）	宠物
ベッド①	（名）	床
*ヘリコプター③	（名）	直升飞机
ベル①	（名）	铃
ペン①	（名）	蘸水笔，钢笔
*ベンチ①	（名）	长凳，长椅
*ボート①	（名）	小船，小艇
*ホーム①	（名）	家庭，故乡
ボール〇	（名）	球，盆，钵
ボールペン〇	（名）	圆珠笔
ポケット②	（名）	口袋，衣兜
ポスター①	（名）	海报，宣传册
*ポスト①	（名）	邮箱，信箱
ボタン〇	（名）	纽扣，按键
ホテル①	（名）	宾馆，饭店
ボランティア②	（名）	志愿者，支援人员
マイナス〇	（名.动③他）	减去，减号，负数，亏损
*マスター①	（名.动③他）	掌握，精通
マッチ①	（名）	火柴
マナー ①	（名）	礼节，态度

*マフラー①	（名）		围巾
マラソン〇	（名）		马拉松，长跑
*マルチメディア④	（名）		多媒体
*マンション①	（名）		高级住宅区
ミルク①	（名）		牛奶
メートル⓪	（后缀）		~米，~公尺
メール①	（名）		电子邮件
メニュー①	（名）		菜单
メモ①	（名.动③他）		笔记，记录
*メンバー①	（名）		成员，队员
モーター①	（名）		发电机，电动机
ヨーロッパ③	（名）		欧洲
ラジオ①	（名）		收音机
*ラッシュアワー④	（名）		客流高峰时间
*リーダー①	（名）		领导人，指导者
*リズム①	（名）		节奏，韵律
*リサイクル②	（名.动③他）		废物再利用
リンゴ〇	（名）		苹果
*ルール	（名）		规则
*レジ①	（名）		自动收款机
レストラン①	（名）		餐厅，西餐厅
レベル①	（名）		水准，水平
レポート②	（名.动③他）		报告，报道，通讯
ローマじ③	「ローマ字」	（名）	罗马字，拉丁字母
*ローラースケート⑥	（名）		滑旱冰
*ロッカー①	（名）		带锁橱柜
ロビー①	（名）		休息室，门廊，门厅
ロボット②	（名）		机器人
ワイシャツ〇	（名）		（男）衬衫，衬衣
*ワンピース③	（名）		连衣裙

名　詞

あい①	「愛」	（名.动③他）	爱

あいさつ①	「挨拶」	（名.动③自）	寒暄，问候
あいず①	「合図」	（名）	信号，暗号
あいだ〇	「間」	（名）	之间，期间
あいて③	「相手」	（名）	对方
あお①	「青」	（名）	蓝色；绿色
あかり〇	「明かり」	（名）	光亮；灯
あき①	「秋」	（名）	秋天
*あくしゅ①	「握手」	（名.动3自）	握手
あご②	「顎」	（名）	下颌，下巴
あさ①	「朝」	（名）	早晨
あし②	「足」	（名）	脚，腿
あじ〇	「味」	（名）	味道，口味
あせ①	「汗」	（名）	汗
あせをかく①+①	「汗をかく」	（词组）	流汗，出汗
あたま③	「頭」	（名）	头，头脑
あたまがいい③+①	「頭がいい」	（词组）	聪明
あたり①	「辺り」	（名）	附近，一带
あたりまえ〇	「当たり前」	（名.形2）	理所当然；平常，普通
*あちこち③		（名）	这儿那儿，到处
あと①	「後」	（名）	之后
あな②	「穴」	（名）	孔，洞
あに①	「兄」	（名）	哥哥
あね〇	「姉」	（名）	姐姐
あぶら〇	「油」	（名）	油
あみ②	「網」	（名）	网
あめ①	「雨」	（名）	雨
あやまり④	「誤り」	（名）	错误
あんしん〇	「安心」	（名.动3自）	放心
あんない③	「案内」	（名.动3他）	带路，指导；通知
い〇	「胃」	（名）	胃
いえ②	「家」	（名）	房屋；家
いか①	「以下」	（名）	以下
いがい①	「以外」	（名.后缀）	以外，此外
いき①	「息」	（名）	气息，喘息，呼吸

いきおい③	「勢い」	（名）	势头，气势
いけ②	「池」	（名）	池塘
いけん①	「意見」	（名）	意见，见解
いご①	「以後」	（名）	以后，之后
いし②	「石」	（名）	石头
いし①	「意志」	（名）	意志，意愿
いしき①	「意識」	（名.动3他）	知觉；意识，自觉
いしゃ〇	「医者」	（名）	医生，大夫
いじょう①	「以上」	（名）	以上，超出
いす〇	「椅子」	（名）	椅子
いぜん①	「以前」	（名）	以前，从前
いた①	「板」	（名）	板，木板
いち①	「位置」	（名）	位置
*いっぽう③	「一方」	（名）	一方，一方面；另一方面，同时
いと①	「糸」	（名）	线
いとこ②	「従兄弟」	（名）	堂（表）兄弟（姐妹）
いない①	「以内」	（名）	以内
いなか〇	「田舎」	（名）	乡下
いぬ②	「犬」	（名）	狗
いね①	「稲」	（名）	水稻
いのち①	「命」	（名）	生命
いま①	「今」	（名）	现在
*いまごろ〇	「今ごろ」	（名）	现在，这个时候
いみ①	「意味」	（名）	意思，意义
いもうと④	「妹」	（名）	妹妹
いよく	「意欲」	（名）	热情，劲头，积极性
いらい〇	「依頼」	（名.动3他）	委托；依赖，依靠
いりぐち〇	「入り口」	（名）	入口，门口
いろ②	「色」	（名）	颜色，色彩
いわ②	「岩」	（名）	岩石
いんしょう〇	「印象」	（名）	印象
うえ〇	「上」	（名）	上，上面
うし〇	「牛」	（名）	牛

うしろ◯	「後ろ」	（名）	后面，背后
うそ①	「嘘」	（名）	谎言，假话
うた②	「歌」	（名）	歌曲
うち◯	「内」	（名）	内，里面；之内，之中
うち◯	「家」	（名）	（自己）家
うちけし◯	「打ち消し」	（名）	否定，打消
うちゅう①	「宇宙」	（名）	宇宙
うで②	「腕」	（名）	胳膊；本领
うどん◯		（名）	面条
うま②	「馬」	（名）	马
うみ①	「海」	（名）	海
*うみべ③	「海辺」	（名）	海边，海滨
うら②	「裏」	（名）	里面，内部；后面；内幕
*うりば◯	「売り場」	（名）	售货处，出售处
うわぎ◯	「上着」	（名）	上衣
うん①	「運」	（名）	运气，命运
うんてん◯	「運転」	（名.动3他）	驾驶
*うんてんしゅ③	「運転手」	（名）	司机
うんどう◯	「運動」	（名.动3自）	运动
うんどうじょう◯	「運動場」	（名）	运动场
うんめい①	「運命」	（名）	命运
え①	「絵」	（名）	图画
えいが①	「映画」	（名）	电影
*えいがかん③	「映画館」	（名）	电影院
えいきょう◯	「影響」	（名.动3自）	影响
えいご◯	「英語」	（名）	英语
えいよう◯	「栄養」	（名）	营养
えがお①◯	「笑顔」	（名）	笑脸，笑容
えき①	「駅」	（名）	火车站；地铁站
*えきたい◯	「液体」	（名）	液体
えだ◯	「枝」	（名）	枝，树枝
えび◯	「蝦／海老」	（名）	虾
*えほん②	「絵本」	（名）	画本，画册
えんぴつ◯	「鉛筆」	（名）	铅笔

えんりょ⓪	「遠慮」	（名.动3他）	顾虑，客气；谢绝
えんりょなく④	「遠慮なく」	（词组）	别客气，不客气
おうえん⓪	「応援」	（名.动3他）	援助，救援；声援
おうふく⓪	「往復」	（名.动3自）	往返
おおあめ③	「大雨」	（名）	大雨
*おおかぜ③	「大風」	（名）	大风
おおく①	「多く」	（名）	多，多的
おおぜい③	「大勢」	（名）	众多（人），很多（人）
おおどおり③	「大通り」	（名）	大街，大道
おおみそか③	「大晦日」	（名）	除夕，腊月三十
おかあさん②	「お母さん」	（名）	妈妈，母亲
おかげ⓪		（名）	托……的福；幸亏；由于
おかし②	「お菓子」	（名）	点心，糕点
おかず⓪		（名）	菜肴
おかね⓪	「お金」	（名）	钱
おく①	「奥」	（名）	里头，内部
おくさん①	「奥さん」	（名）	夫人
おじ⓪	「伯父」	（名）	伯伯，叔叔，舅舅
おじぎ⓪	「お辞儀」	（名.动3自）	鞠躬，行礼
*おじょうさん②	「お嬢さん」	（名）	令媛，小姐，姑娘
おちゃ⓪	「お茶」	（名）	茶，茶叶
おっと⓪	「夫」	（名）	丈夫
*おつり⓪	「お釣り」	（名）	找零头，找回的零钱
おと②	「音」	（名）	（物体的）声音，声响
おとうさん②	「お父さん」	（名）	父亲，爸爸
おとうと④	「弟」	（名）	弟弟
おとこ③	「男」	（名）	男子，男人
おとな⓪	「大人」	（名）	大人，成人
おなか⓪		（名）	肚子
おにいさん②	「お兄さん」	（名）	哥哥
おねえさん②	「お姉さん」	（名）	姐姐
おば⓪	「伯母」	（名）	伯母，婶婶，舅母，阿姨
おばあさん②		（名）	祖母，外祖母
おみやげ⓪	「お土産」	（名）	礼物，土特产

おめにかかる⑤	「お目に掛かる（词组）		拝会，见面
おもいで○	「思い出」	（名）	回忆，追忆
おもちゃ②		（名）	玩具
おもて③	「表」	（名）	表面，外表；正面
おや②	「親」	（名）	父母，双亲
おわり○	「終わり」	（名）	结束，结尾
おんがく①	「音楽」	（名）	音乐
おんせん○	「温泉」	（名）	温泉
おんど①	「温度」	（名）	温度
おんな③	「女」	（名）	女子，女人
*か①	「科」	（名）	科，学科，专业
かい①	「会」	（名）	会，会议
*かい①	「貝」	（名）	贝壳；海螺
かいがん○	「海岸」	（名）	海岸
かいぎ①	「会議」	（名）	会议
かいけつ○	「解決」	（名.动3他）	解决
がいこう○	「外交」	（名）	外交
がいこく○	「外国」	（名）	外国
*かいさんぶつ⑤	「海産物」	（名）	海产品
かいしゃ○	「会社」	（名）	公司
*がいしゅつ○	「外出」	（名.动3自）	外出，出门
かいじょう○	「会場」	（名）	会场
*かいすいよく⑤	「海水浴」	（名）	海水浴
かいだん○	「階段」	（名）	台阶，楼梯
かいはつ○	「開発」	（名.动3他）	开发
かいふく○	「回復」	（名.动3自他）	恢复，收复
かいもの○	「買い物」	（名）	买东西
がいらいご③	「外来語」	（名）	外来语
かいわ○	「会話」	（名）	会话
かお○	「顔」	（名）	脸，面孔
かがく①	「科学」	（名）	科学
かがく①	「化学」	（名）	化学
かがみ③	「鏡」	（名）	镜子
かかり①	「係」	（名）	负责某事物的人

かき◯	「柿」	（名）	柿子，柿树
かぎ②	「鍵」	（名）	钥匙
かぐ①	「家具」	（名）	家具
がくしゃ◯	「学者」	（名）	学者
がくしゅう◯	「学習」	（名.动3他）	学习
がくせい◯	「学生」	（名）	学生，大学生
がくもん②	「学問」	（名）	学问，学术
かげ①	「影」	（名）	影，影子
がけ◯	「崖」	（名）	悬崖，绝壁
かこ①	「過去」	（名）	过去
かご◯		（名）	框，篮，笼子
かさ①	「傘」	（名）	伞
*かざん①	「火山」	（名）	火山
かじ①	「火事」	（名）	火灾
かしだし◯	「貸し出し」	（名）	借出
かず①	「数」	（名）	数目
かぜ◯	「風邪」	（名）	感冒，伤风
かぜ◯	「風」	（名）	风
かぞく①	「家族」	（名）	家人，家属
かた①	「肩」	（名）	肩，肩膀
かたかな③②	「片仮名」	（名）	片假名
かたち◯	「形」	（名）	形状；姿态；状态
かち①	「価値」	（名）	价值
がっき◯	「楽器」	（名）	乐器
がっこう◯	「学校」	（名）	学校
*かっこう◯	「格好」	（名.形2）	样子，姿态；装束；恰好
かつどう◯	「活動」	（名.动3自）	活动，运动
かてい◯	「家庭」	（名）	家庭
かど①	「角」	（名）	角，拐角
かな◯	「仮名」	（名）	假名
*かない①	「家内」	（名）	内人，妻子
*かねもち◯	「金持ち」	（名）	有钱的人
かのう◯	「可能」	（名.形2）	可能
かばん◯		（名）	书包，手提包

かべ◯	「壁」	（名）	墙壁
がまん①	「我慢」	（名.动3他）	忍耐，忍受
かみ②	「紙」	（名）	纸
かみ①	「神」	（名）	神，神仙
かみ②	「髪」	（名）	发，头发
かみなり③	「雷」	（名）	雷
かもく◯	「科目」	（名）	科目
*かゆ◯	「粥」	（名）	稀饭，粥
から②	「空」	（名）	空
からだ◯	「体」	（名）	身体
かわ②	「川」	（名）	河
かわ②	「皮」	（名）	皮
かわ◯	「側」	（名）	方面
かわり◯	「代わり」	（名）	代替
かん①	「缶」	（名）	罐；桶
かんかく◯	「感覚」	（名）	感觉
かんきょう◯	「環境」	（名）	环境
かんけい◯	「関係」	（名.动3自）	关系
かんこう◯	「観光」	（名.动3他）	观光，游览
*かんごし①	「看護師」	（名）	护士
かんさつ◯	「観察」	（名.动3他）	观察
かんじ◯	「漢字」	（名）	汉字
かんじ◯	「感じ」	（名）	感觉，印象
かんしゃ①	「感謝」	（名.动3他）	感谢
*かんじゃ◯	「患者」	（名）	病人，患者
かんじょう③	「勘定」	（名.动3他）	结账，算账
かんじょう◯	「感情」	（名）	感情
かんしん◯	「関心」	（名.动3自）	关心，关注；兴趣
かんしん◯	「感心」	（名.动3自）	钦佩，赞赏
かんせい◯	「完成」	（名.动3自他）	完成，落成
かんせつ◯	「間接」	（名）	间接
かんそう◯	「感想」	（名）	感想
かんどう◯	「感動」	（名.动3自）	感动
かんばん◯	「看板」	（名）	招牌

き①	「木」	（名）	树
き◯	「気」	（名）	意识，心神
きがつく	「気が付く」	（词组）	意识到，留意到
きにいる	「気に入る」	（词组）	喜欢，相中
きにする	「気にする」	（词组）	介意，放在心上
きになる	「気になる」	（词组）	挂念，在意
きをくばる	「気を配る」	（名）	用心，照顾
きをつける	「気を付ける」	（名）	小心，留神
きいろ◯	「黄色」	（名）	黄色
きおく◯	「記憶」	（名.动3他）	记忆
きおん◯	「気温」	（名）	气温
きかい②	「機会」	（名）	机会
きかい②	「機械」	（名）	器械，器具
きげん◯	「機嫌」	（名）	心情，情绪
きこう◯	「気候」	（名）	气候
きし②	「岸」	（名）	岸
きじ①	「記事」	（名）	记事，消息，新闻
*ぎし①	「技師」	（名）	技师，工程师
きしゃ②	「汽車」	（名）	火车，列车，蒸汽机车
ぎじゅつ①	「技術」	（名）	技术
きず◯	「傷」	（名）	伤
きせつ①	「季節」	（名）	季节
きそ①	「基礎」	（名）	基础，根基
きそく①	「規則」	（名）	规则
きた◯	「北」	（名）	北，北面
きたい　◯	「期待」	（名.动3他）	期待，期望
きっかけ◯		（名）	起首，开端；以……为契机
きっさてん③	「喫茶店」	（名）	茶馆，咖啡店
きって◯	「切手」	（名）	邮票
きっぷ◯	「切符」	（名）	票
きぬ①	「絹」	（名）	丝绸，丝织品
きねん◯	「記念」	（名.动3他）	纪念
きぶん①	「気分」	（名）	心情，身体状况
きぼう◯	「希望」	（名.动3他）	希望

ぎむ①	「義務」	（名）	义务
きもち〇	「気持ち」	（名）	心情，感觉
*きもの〇	「着物」	（名）	衣服；和服
ぎもん〇	「疑問」	（名）	疑问
きゃく〇	「客」	（名）	客人
きゅうけい〇	「休憩」	（名.动3自）	休息
*きゅうこう〇	「急行」	（名.动3自）	急行，急往
きゅうじつ〇	「休日」	（名）	假日，休息日
*ぎゅうにく〇	「牛肉」	（名）	牛肉
ぎゅうにゅう〇	「牛乳」	（名）	牛奶
きゅうりょう①	「給料」	（名）	工资
*きゅうれき〇	「旧暦」	（名）	旧历，阴历
きょういく〇	「教育」	（名.动3他）	教育
きょうかしょ③	「教科書」	（名）	教科书
きょうぎ①	「競技」	（名）	(体育) 竞技，比赛
きょうきゅう〇	「供給」	（名.动3他）	供给，供应
きょうし①	「教師」	（名）	教师
きょうしつ〇	「教室」	（名）	教室
きょうそう〇	「競争」	（名.动3自）	竞争
きょうだい①	「兄弟」	（名）	兄弟，姐妹
きょうつう〇	「共通」	（名.动3自）	共同，共通
きょうみ①	「興味」	（名）	兴趣
きょうりょく〇	「協力」	（名.动3自）	合作，协作
きょく〇	「曲」	（名）	曲子，曲调
きょり①	「距離」	（名）	距离
きり〇	「霧」	（名）	雾
きろく〇	「記録」	（名.动3他）	记载，记录
きん①	「金」	（名）	金
ぎん①	「銀」	（名）	银
*きんぎょ①	「金魚」	（名）	金鱼
ぎんこう〇	「銀行」	（名）	银行
きんし〇	「禁止」	（名.动3他）	禁止
きんじょ①	「近所」	（名）	近邻，近处
きんぞく①	「金属」	（名）	金属

きんちょう⓪	「緊張」	（名.动3自）	紧张
ぐあい⓪	「具合」	（名）	情况，样子
くうき①	「空気」	（名）	空气
くうこう⓪	「空港」	（名）	机场
くさ②	「草」	（名）	草
くすり⓪	「薬」	（名）	药
くせ②	「癖」	（名）	癖好，习惯，毛病
くだもの⓪	「果物」	（名）	水果
くち⓪	「口」	（名）	嘴，口
くちびる⓪	「唇」	（名）	唇，嘴唇
くつ②	「靴」	（名）	鞋子
くつした②	「靴下」	（名）	袜子
くに⓪	「国」	（名）	国家：家乡
くび⓪	「首」	（名）	脖子：脑袋；衣领
くふう⓪	「工夫」	（名.动3他）	想办法，找窍门
くべつ①	「区別」	（名.动3他）	区别
くも①	「雲」	（名）	云
くるま⓪	「車」	（名）	车，小轿车
くろ①	「黒」	（名）	黑色
くろう①	「苦労」	（名.动3自）	辛苦，苦劳：操心
け⓪	「毛」	（名）	毛
けいえい⓪	「経営」	（名.动3他）	经营
けいかく⓪	「計画」	（名.动3他）	计划，规划
けいき⓪	「景気」	（名）	景气，市况
けいけん⓪	「経験」	（名.动3他）	经历
けいこう⓪	「傾向」	（名）	倾向，趋势
けいざい①	「経済」	（名）	经济
けいさつ⓪	「警察」	（名）	警察局，警察
けいさん⓪	「計算」	（名.动3他）	计算
けいしき⓪	「形式」	（名）	形式
けいじばん④	「掲示板」	（名）	告示板
げいじゅつ⓪	「芸術」	（名）	艺术
けいたいでんわ⑤	「携帯電話」	（名）	手机，移动电话
けが②	「怪我」	（名.动3自）	负伤，受伤

げき①	「劇」	（名）	戏剧
*けさ①	「今朝」	（名）	今天早上
けしき①	「景色」	（名）	景色
けしゴム③○	「消しゴム」	（名）	橡皮
*げじゅん①○	「下旬」	（名）	下旬
*けしょう②	「化粧」	（名.动3自他）	化妆，打扮
けっか○	「結果」	（名）	结果
けっこん○	「結婚」	（名.动3自）	结婚
けっしん○	「決心」	（名.动3他）	决心
けっせき○	「欠席」	（名.动3自）	缺席
けってい○	「決定」	（名.动3他）	决定
けってん③	「欠点」	（名）	缺点，毛病
けむり○	「煙」	（名）	烟，烟雾
けん	「県」	（名）	县
げんいん○	「原因」	（名）	原因
けんか○	「喧嘩」	（名.动3自）	争吵，打架
けんがく①	「見学」	（名.动3他）	参观学习
げんかん①	「玄関」	（名）	正门，大门，门厅
けんきゅう○	「研究」	（名.动3他）	研究
けんこう○	「健康」	（名.形2）	健康
*けんさ①	「検査」	（名.动3他）	检查
げんざい①	「現在」	（名）	现在，目前
げんしりょく③	「原子力」	（名）	原子能，核能
けんせつ○	「建設」	（名.动3他）	建设，修建
げんだい①	「現代」	（名）	现代，现今
けんちく○	「建築」	（名.动3他）	建筑
けんとう③	「検討」	（名.动3他）	研讨，讨论
*げんば○	「現場」	（名）	现场
*けんぶつ○	「見物」	（名.动3他）	游览，观看
けんり①	「権利」	（名）	权利
げんりょう③	「原料」	（名）	原料
こ○	「子」	（名）	小孩子，子女
*こうい①	「好意」	（名）	好意，美意，善意
こうい①	「行為」	（名）	行为

こうえん◯	「公園」	（名）	公园
こうかい①	「後悔」	（名.动3他）	后悔
こうがい①	「郊外」	（名）	郊外
*こうがい◯	「公害」	（名）	公害
*ごうかく◯	「合格」	（名.动3自）	合格，及格
こうかん◯	「交換」	（名.动3他）	交换，互换
こうぎょう①	「工業」	（名）	工业
*こうきょうきょく③	「交響曲」	（名）	交响曲
ごうけい◯	「合計」	（名.动3他）	合计，总计
こうこう◯	「高校」	（名）	高中
こうこく◯	「広告」	（名）	广告
こうさてん◯	「交差点」	（名）	十字路口
こうじ①	「工事」	（名.动3自）	工程，施工
こうじょう③	「工場」	（名）	工厂
こうちゃ◯	「紅茶」	（名）	红茶
こうつう◯	「交通」	（名）	交通
*こうてい◯	「校庭」	（名）	校园
こうどう◯	「行動」	（名.动3自）	行动
*こうはい◯	「後輩」	（名）	后辈，晚辈
こうばん◯	「交番」	（名）	派出所
こうふく◯	「幸福」	（名.形2）	幸福
こうへい◯	「公平」	（名.形2）	公平，公道
こうよう◯	「紅葉」	（名.动3自）	红叶；变成红叶
こうりゅう◯	「交流」	（名.动3自）	交流
こえ①	「声」	（名）	声音
こおり◯	「氷」	（名）	冰
こきゅう◯	「呼吸」	（名.动3自他）	呼吸
*こきょう①	「故郷」	（名）	故乡
こくご◯	「国語」	（名）	国语，语文
こくさい◯	「国際」	（名）	国际
*こくど①	「国土」	（名）	国土
こくばん◯	「黒板」	（名）	黑板
こくみん◯	「国民」	（名）	国民
ごご①	「午後」	（名）	午后

こころ②	「心」	（名）	心，心地
*こころざし⑤	「志」	（名）	志向，意图
こし〇	「腰」	（名）	腰
こしょう〇	「故障」	（名.动3自）	故障
こじん①	「個人」	（名）	个人
ごぜん①	「午前」	（名）	午前
こだい①	「古代」	（名）	古代
ごちそう〇	「ご馳走」	（名.动3他）	饭菜，佳肴；请客，招待
*こづかい①	「小遣い」	（名）	零用钱
こと②	「事」	（名）	事情
ことば③	「言葉」	（名）	语言，词语，画
こども〇	「子供」	（名）	小孩，儿童
*ことり〇	「小鳥」	（名）	小鸟
こな②	「粉」	（名）	粉，粉末
このあいだ〇	「この間」	（名）	最近，前几天
このごろ〇		（名）	最近，进来
ごはん①	「ご飯」	（名）	饭，米饭
ごみ②		（名）	垃圾
こめ②	「米」	（名）	大米
ごらん〇	「ご覧」	（名）（尊他）	看
これから〇		（名）	今后
*こんかい①	「今回」	（名）	这次
こんご①〇	「今後」	（名）	今后
こんざつ①	「混雑」	（名.动3自）	拥挤，混乱
こんど①	「今度」	（名）	下次；这回
こんなん①	「困難」	（名.形2）	困难
こんばん①	「今晩」	（名）	今天晚上
こんや①	「今夜」	（名）	今夜
さ〇	「差」	（名）	差别，差距
さいきん〇	「最近」	（名）	最近
*さいく③〇	「細工」	（名）	手工艺，手工艺品
さいげつ①	「歳月」	（名）	岁月
さいご①	「最後」	（名）	最后
ざいさん①	「財産」	（名）	财产

さいしょ◯	「最初」	（名）	最初，首先，头一个
*さいちゅう①	「最中」	（名）	最盛时期，最高峰；正在进行中
さいのう◯	「才能」	（名）	才能
さいばん①	「裁判」	（名.动3他）	裁判，裁断，审判
さいふ◯	「財布」	（名）	钱包
ざいりょう③	「材料」	（名）	材料
さか②	「坂」	（名）	坡，坡道
さかい②	「境」	（名）	边界，分界
さかな◯	「魚」	（名）	鱼
さき◯	「先」	（名）	前面，前头；去处，目的地
*さぎょう①	「作業」	（名.动3自）	作业，操作，劳动
さくしゃ①	「作者」	（名）	作者
さくひん◯	「作品」	（名）	作品
さくぶん◯	「作文」	（名）	作文
*さくもつ②	「作物」	（名）	庄家，作物
さくら◯	「桜」	（名）	樱花
さけ◯	「酒」	（名）	酒
*さしみ③	「刺身」	（名）	生鱼片
さつ◯	「札」	（名）	纸币，钞票
さっきょくか⑤	「作曲家」	（名）	作曲家
ざっし◯	「雑誌」	（名）	杂志
さとう②	「砂糖」	（名）	白糖
さら◯	「皿」	（名）	碟子，盘子
さんか◯	「参加」	（名.动3自）	参加
さんかく①	「三角」	（名）	三角形
さんぎょう◯	「産業」	（名）	产业
さんこう◯	「参考」	（名）	参考
さんせい◯	「賛成」	（名.动3自）	赞同，赞成
さんぽ◯	「散歩」	（名.动3自）	散步
し①	「市」	（名）	市，城市
し◯	「詩」	（名）	诗，诗歌
じ①	「字」	（名）	字，字体
しあい◯	「試合」	（名）	比赛

しお②	「塩」	（名）	盐，食盐
しかく③	「四角」	（名）	四方形，四边形
さる①	「猿」	（名）	猴子
しかた〇	「仕方」	（名）	做法，办法
じかん〇	「時間」	（名）	时间
*しき②①	「四季」	（名）	四季
じぎょう①	「事業」	（名）	事业
しげき〇	「刺激」	（名.动3他）	刺激
しけん②	「試験」	（名）	考试，测试
じけん①	「事件」	（名）	事件，案件
しげん①	「資源」	（名）	资源
じこ①	「事故」	（名）	事故
しごと〇	「仕事」	（名）	工作，职业
じじつ①	「事実」	（名）	事实
ししゅつ〇	「支出」	（名.动3他）	支出
じしょ①	「辞書」	（名）	词典，辞典
じじょう〇	「事情」	（名）	情况，缘由
じしん〇	「自信」	（名）	自信，信心
じしん〇	「地震」	（名）	地震
しせつ①②	「施設」	（名）	设施，设备
しぜん〇	「自然」	（名）	自然，自然界
しそう〇	「思想」	（名）	思想
した〇	「下」	（名）	下，下面
した②	「舌」	（名）	舌头
じだい〇	「時代」	（名）	时代
したぎ〇	「下着」	（名）	内衣
したく〇	「支度」	（名.动3他）	准备
したしみ④	「親しみ」	（名）	亲近，亲密
しつ〇	「質」	（名）	质量，品质
じっけん〇	「実験」	（名.动3他）	实验，试验
じつげん〇	「実現」	（名.动3自他）	实现
じっこう〇	「実行」	（名.动3他）	实行
じっさい〇	「実際」	（名）	实际，事实
じっせん〇	「実践」	（名.动3他）	实践，实行

しっぱい◎	「失敗」	（名.动3自）	失败，没有做好
しつもん◎	「質問」	（名.动3自）	提问，问题
しつれい②	「失礼」	（名.动3自）	告辞，失礼
じてんしゃ②	「自転車」	（名）	自行车
しどう◎	「指導」	（名.动3他）	指导
じどうしゃ②	「自動車」	（名）	汽车
しない①	「市内」	（名）	市内，市里
しなもの◎	「品物」	（名）	物品，东西
しはい①	「支配」	（名.动3他）	支配，统治
しばい◎	「芝居」	（名）	戏，戏剧
しばふ◎	「芝生」	（名）	草坪，草地
じぶん◎	「自分」	（名）	自己，自身
しま②	「島」	（名）	岛屿
*しまぐに②	「島国」	（名）	岛国
じまん◎	「自慢」	（名.动3他）	自夸，得意
じむ①	「事務」	（名）	事务
しや①	「視野」	（名）	视野
しゃかい①	「社会」	（名）	社会
しゃしん◎	「写真」	（名）	照片
しゃどう◎	「車道」	（名）	车道
じゃま◎	「邪魔」	（名.形2.动3他）	妨碍，累赘；打扰
しゅうかん◎	「習慣」	（名）	习惯
*しゅうきょう①	「宗教」	（名）	宗教
しゅうごう◎	「集合」	（名.动3自他）	集合
*しゅうしゅう◎	「収集」	（名.动3他）	收集，搜集
じゅうしょ①	「住所」	（名）	住所，住处，地址
しゅうしょく◎	「就職」	（名.动3自）	就业
しゅうにゅう◎	「収入」	（名）	收入
しゅうり①	「修理」	（名.动3他）	修理
じゅぎょう①	「授業」	（名.动3自）	上课
しゅくだい◎	「宿題」	（名）	课外作业
しゅじゅつ①	「手術」	（名.动3自）	手术
しゅじん①	「主人」	（名）	丈夫；老板
しゅちょう◎	「主張」	（名.动3他）	主张，论点

しゅっせき○	「出席」	（名.动3自）	出席，参加会议
しゅっちょう	「出張」	（名.动3自）	出差
しゅっぱつ○	「出発」	（名.动3自）	出发
しゅと①	「首都」	（名）	首都
しゅみ①	「趣味」	（名）	爱好，兴趣
じゅよう○	「需要」	（名）	需求，需要
しゅるい①	「種類」	（名）	种类
じゅんじょ①	「順序」	（名）	顺序
じゅんび①	「準備」	（名.动3他）	准备
しよう○	「使用」	（名.动3他）	实用
*じょうえい○	「上映」	（名.动3他）	电影上映，放映
しょうか○	「消化」	（名.动3自他）	消化；理解，掌握
しょうかい○	「紹介」	（名.动3他）	介绍
しょうがつ④	「正月」	（名）	新年，正月
じょうぎ①	「定規」	（名）	规尺
しょうぎょう①	「商業」	（名）	商业
じょうけん③	「条件」	（名）	条件
しょうじ○	「障子」	（名）	纸隔扇
じょうしき○	「常識」	（名）	常识
*しょうじょ①	「少女」	（名）	少女
しょうせつ○	「小説」	（名）	小说
しょうたい①	「招待」	（名.动3他）	邀请，招待
じょうたい○	「状態」	（名）	状态
じょうだん③	「冗談」	（名）	玩笑，笑话
しょうち○	「承知」	（名.动3他）	同意，知道
しょうとつ○	「衝突」	（名.动3自）	冲突，冲撞；矛盾
しょうねん○	「少年」	（名）	少年
しょうばい①	「商売」	（名.动3自）	生意，买卖
しょうひん①	「商品」	（名）	商品
しょうめい○	「証明」	（名.动3他）	证明
しょうゆ○	「醤油」	（名）	酱油
しょうらい①	「将来」	（名）	将来，未来
しょくぎょう②	「職業」	（名）	职业
しょくじ○	「食事」	（名.动3自）	饭菜，吃饭

しょくどう〇	「食堂」	（名）	食堂
*しょくば③	「職場」	（名）	工作现场，工作岗位
*しょくひん〇	「食品」	（名）	食品
しょくぶつ②	「植物」	（名）	植物
*しょくりょう②	「食料」	（名）	食物，食品
じょし①	「女子」	（名）	女子
じょせい〇	「女性」	（名）	女性
しょっき〇	「食器」	（名）	餐具
しらせ〇	「知らせ」	（名）	通知
しるし〇	「印」	（名）	标志，记号
しわ〇	「皺」	（名）	褶皱，皱纹
*しんかんせん③	「新幹線」	（名）	新干线
しんけい①	「神経」	（名）	神经
じんこう〇	「人口」	（名）	人口
しんごう〇	「信号」	（名）	信号灯，红绿灯，信号
*しんさつ〇	「診察」	（名.动3他）	诊察，诊断
*しんしつ〇	「寝室」	（名）	卧室
じんせい①	「人生」	（名）	人生
しんせき〇	「親戚」	（名）	亲戚
しんぞう〇	「心臓」	（名）	心脏
*しんちょう〇	「身長」	（名）	身长
しんねん①	「新年」	（名）	新年，元旦
しんぱい〇	「心配」	（名.动3他.形2）	担心，操心
じんぶつ①	「人物」	（名）	人物
しんぶん〇	「新聞」	（名）	报纸
しんぽ①	「進歩」	（名.动3自）	进步
*しんゆう〇	「親友」	（名）	亲密的朋友
しんよう〇	「信用」	（名.动3他）	信赖，相信
しんるい〇	「親類」	（名）	亲属，亲戚
じんるい①	「人類」	（名）	人类
す①	「酢」	（名）	醋
*す〇	「巣」	（名）	窝，穴
ず〇	「図」	（名）	图表
すいえい〇	「水泳」	（名.动3自）	游泳

すいか〇	「西瓜」	（名）	西瓜
すいどう〇	「水道」	（名）	自来水管
すうがく〇	「数学」	（名）	数学
すがた①	「姿」	（名）	姿态，举止，身影
すききらい②③	「好き嫌い」	（名）	好恶
*すし②①	「寿司」	（名）	寿司
すじ①	「筋」	（名）	线；条理
すな〇	「砂」	（名）	沙
すべて①		（名.副）	一切；总共
すみ①	「隅」	（名）	角落
すもう〇	「相撲」	（名）	相扑
せ①	「背」	（名）	身高，后背
せい①	「背」	（名）	身长，身材
せい①		（名）	原因
せいかい〇	「正解」	（名）	正确的解释；答案
せいかく〇	「性格」	（名）	性格
せいかつ〇	「生活」	（名.动3自）	生活
せいきゅう〇	「請求」	（名.动3他）	索取，要求
ぜいきん〇	「税金」	（名）	税款
せいこう〇	「成功」	（名.动3自）	成功
せいじ〇	「政治」	（名）	政治
せいしつ〇	「性質」	（名）	性质
せいしん①	「精神」	（名）	精神
せいせき〇	「成績」	（名）	成绩
せいぞう〇	「製造」	（名.动3他）	制造，生产
せいちょう〇	「成長」	（名.动3自）	成长，生长；增长
*せいちょう〇	「生長」	（名.动3自）	生长，发育
せいと①	「生徒」	（名）	学生，中学生
せいど①	「制度」	（名）	制度
せいねん〇	「青年」	（名）	青年
せいひん〇	「製品」	（名）	产品
せいふ①	「政府」	（名）	政府
せいふく〇	「制服」	（名）	机关团体规定的制服
せいぶつ①	「生物」	（名）	生物

せいめい①	「生命」	（名）	生命
せいよう①	「西洋」	（名）	西方
せいり①	「整理」	（名.动3他）	整理，整顿
せかい①	「世界」	（名）	世界
せき①	「席」	（名）	座位
せき②	「咳」	（名）	咳嗽
せきたん③	「石炭」	（名）	煤炭
せきにん〇	「責任」	（名）	责任，负责
せきゆ〇	「石油」	（名）	石油
せっけん〇		（名）	肥皂
せつび①	「設備」	（名）	设备
せつめい〇	「説明」	（名.动3他）	说明，解释
せなか〇	「背中」	（名）	脊背
せわ②	「世話」	（名）	照料
おせわになる	「お世話になる」（词组）		承蒙关照
せん①	「線」	（名）	线，线路
せんきょ①	「選挙」	（名.动3他）	选举
*せんご①	「戦後」	（名）	第二次世界大战以后
ぜんこく①	「全国」	（名）	全国
せんじつ〇	「先日」	（名）	前几天
せんしゅ①	「選手」	（名）	选手，运动员
せんせい③	「先生」	（名）	老师
せんそう〇	「戦争」	（名）	战争
ぜんたい〇	「全体」	（名）	全体，全部，整个
せんたく〇	「洗濯」	（名.动3他）	洗衣服
*せんたくき⑤	「洗濯機」	（名）	洗衣机
せんぱい〇	「先輩」	（名）	前辈
ぜんぶ①	「全部」	（名）	全部
せんもん〇	「専門」	（名）	专业，专长
*ぞう①	「像」	（名）	像，影像
ぞうか〇	「増加」	（名.动3自他）	增加
そうじ〇	「掃除」	（名.动3他）	打扫，扫除
そうぞう〇	「想像」	（名.动3他）	想象
そうだん〇	「相談」	（名.动3他）	商量，咨询

そうとう◯	「相当」	（名.动3自.形2）	相当于；很，颇
そこ◯	「底」	（名）	底部
*そこく①	「祖国」	（名）	祖国
そしき①	「組織」	（名.动3他）	组织
そつぎょう◯	「卒業」	（名.动3自）	毕业
そで◯	「袖」	（名）	袖子
そと①	「外」	（名）	外面
そのご◯	「その後」	（名）	之后，从此，以后
*そのた②	「その他」	（名）	此外，其他
そば①	「側」	（名）	旁边，附近
そら①	「空」	（名）	天空
そん①	「損」	（名.形2）	亏，吃亏，损失
そんけい◯	「尊敬」	（名.动3他）	尊敬
た①	「田」	（名）	田，水田
だい①	「題」	（名）	标题，题目
たいいく①	「体育」	（名）	体育
たいいん◯	「退院」	（名.动3自）	病人出院
たいかい◯	「大会」	（名）	大会
だいがく◯	「大学」	（名）	大学
*だいく①	「大工」	（名）	木工，木匠
たいじゅう◯	「体重」	（名）	体重
だいじん①	「大臣」	（名）	大臣，部长
*たいせいよう③	「大西洋」	（名）	大西洋
たいそう◯	「体操」	（名）	体操
*だいたすう③④	「大多数」	（名）	大多数
たいど①	「態度」	（名）	态度
だいどころ◯	「台所」	（名）	厨房
だいひょう◯	「代表」	（名.动3他）	代表
たいふう③	「台風」	（名）	台风
*だいぶぶん③	「大部分」	（名）	大部分，多半
*たいへいよう③	「太平洋」	（名）	太平洋
たいよう①	「太陽」	（名）	太阳
たいりく◯	「大陸」	（名）	大陆
たがい◯	「互い」	（名）	互相，双方

*たく〇	「宅」	（名）	家，住宅
たけ〇	「竹」	（名）	竹子
ただ①		（名）	免费；普通
たたみ〇	「畳」	（名）	草席，榻榻米
たちば③	「立場」	（名）	立场
たっきゅう〇	「卓球」	（名）	乒乓球
たて①	「縦」	（名）	纵，竖；长
たてもの②	「建物」	（名）	房屋，建筑物
たな〇	「棚」	（名）	搁板，架子
たに②	「谷」	（名）	山谷
たにん〇	「他人」	（名）	他人，外人
たね①	「種」	（名）	种子
たねまき②	「種蒔き」	（名）	播种，种地
たのしみ④③	「楽しみ」	（名）	快乐，乐趣
たばこ〇		（名）	香烟
*たび②	「旅」	（名）	旅行
たび②	「度」	（名）	次，次数；每
たべもの③	「食べ物」	（名）	食物
たま②	「玉」	（名）	球，珠；子弹
たまご②	「卵」	（名）	鸡蛋
ため②		（名）	为了；利益，好处
*たより①	「便り」	（名）	消息
だれ①	「誰」	（名）	谁
だんし①	「男子」	（名）	男子
たんじょうび③	「誕生日」	（名）	生日
たんす〇		（名）	衣柜
だんせい〇	「男性」	（名）	男性
だんたい〇	「団体」	（名）	团体
たんにん〇	「担任」	（名.动3他）	担任，担当
*たんぼ〇	「田圃」	（名）	田地，庄稼地
*だんぼう〇	「暖房」	（名）	暖气
ち〇	「血」	（名）	血，血液
ちえ②	「知恵」	（名）	智慧，智力
ちがい〇	「違い」	（名）	差别，差异；差错

ちかく②①	「近く」	（名）	附近
ちかてつ〇	「地下鉄」	（名）	地图
ちから③	「力」	（名）	力气，力量
ちきゅう〇	「地球」	（名）	地球
ちこく〇	「遅刻」	（名.动3自）	迟到
ちしき①	「知識」	（名）	知识
ちず①	「地図」	（名）	地图
ちち②	「父」	（名）	爸爸，父亲
ちちおや②	「父親」	（名）	父亲
ちほう②	「地方」	（名）	地区，地方
ちゃいろ〇	「茶色」	（名）	茶色
ちゃわん〇	「茶碗」	（名）	碗
ちゅうい①	「注意」	（名.动3自）	注意；提醒
ちゅうおう③	「中央」	（名）	中央，中间
ちゅうごく①	「中国」	（名）	中国
ちゅうしゃ〇	「注射」	（名.动3他）	注射，打针
ちゅうしゃじょう〇	「駐車場」	（名）	停车场，停车处
ちゅうしょく〇	「昼食」	（名）	午饭，午餐
ちゅうしん〇	「中心」	（名）	中心
ちゅうもん〇	「注文」	（名.动3他）	订做，订购；要求
ちょうさ①	「調査」	（名.动3他）	调查
ちょうし〇	「調子」	（名）	音调；情况
ちょうじょう③	「頂上」	（名）	顶上
ちょうしょく〇	「朝食」	（名）	早饭，早餐
ちょうせん〇	「挑戦」	（名.动3自）	挑战
ちょうみりょう③	「調味料」	（名）	调料品
ちょきん〇	「貯金」	（名.动3他）	存钱，储蓄
ちょくせつ〇	「直接」	（名.副词）	直接
ちり①	「地理」	（名）	地理
*つうきん〇	「通勤」	（名.动3自）	上班
つうやく①	「通訳」	（名.动3他）	口头翻译
つき②	「月」	（名）	月亮
つぎ②	「次」	（名）	下次，下面
*つきひ②	「月日」	（名）	岁月，时光

*つきみ③	「月見」	（名）	赏月
つくえ⓪	「机」	（名）	书桌
つごう⓪	「都合」	（名）	情况；方便
つち②	「土」	（名）	土壤，土地
*つな②	「綱」	（名）	粗绳，绳索
つぶ①	「粒」	（名）	颗粒
つま①	「妻」	（名）	妻子
つみ①	「罪」	（名）	罪行
つめ⓪	「爪」	（名）	指甲
つもり⓪		（名）	打算
つゆ⓪	「梅雨」	（名）	梅雨
て①	「手」	（名）	手，臂
*てあし①	「手足」	（名）	手和脚
*てあらい②	「手洗い」	（名）	厕所，卫生间
ていあん⓪	「提案」	（名.动3他）	建议
ていど①	「程度」	（名）	程度
*ていりゅうじょ⓪	「停留所」	（名）	停车站
てがみ⓪	「手紙」	（名）	书信
てき⓪	「敵」	（名）	敌人
できごと⓪	「出来事」	（名）	事件，变故
*でぐち①	「出口」	（名）	出口
てつ⓪	「鉄」	（名）	铁
てつづき②	「手続き」	（名）	手续
てつどう⓪	「鉄道」	（名）	铁道
てぶくろ②	「手袋」	（名）	手套
てほん②	「手本」	（名）	样板，范例
てら②	「寺」	（名）	寺庙
てん⓪	「点」	（名）	点；得分
*てんいん⓪	「店員」	（名）	店员
てんき①	「天気」	（名）	天气
でんき①	「電気」	（名）	电力
*でんごん③	「伝言」	（名.动3他）	传话，带口信
てんじ①	「展示」	（名.动3他）	展览，陈列
*でんし①	「電子」	（名）	电子

でんしゃ◯	「電車」	（名）	电车，电力动车，日本地铁
てんじょう◯	「天井」	（名）	天花板
でんち①	「電池」	（名）	电池
でんとう◯	「伝統」	（名）	传统
でんとう	「電灯」	（名）	电灯
*てんのう③	「天皇」	（名）	天皇
*てんぷら◯		（名）	油炸食品
てんらんかい③	「展覧会」	（名）	展览会
でんわ◯	「電話」	（名）	电话
と◯	「戸」	（名）	门
とい◯	「問い」	（名）	问，询问
*どうきゅうせい⑤	「同級生」	（名）	同级生
どうぐ③	「道具」	（名）	工具，道具
どうじ◯	「同時」	（名）	同时
とうちゃく◯	「到着」	（名.动3自）	到达，抵达
とうばん①	「当番」	（名）	值班，值勤
どうぶつ◯	「動物」	（名）	动物
どうも①		（名）	怎么也（不）；总觉得；实在
どうろ①	「道路」	（名）	道路
*どうわ◯	「童話」	（名）	童话
とおく③	「遠く」	（名）	远方，远处
とおり③	「通り」	（名）	大街，马路
とかい◯	「都会」	（名）	都市，大城市
とき②	「時」	（名）	时候，时间
とく◯	「得」	（名.形2）	利益；划算
とくちょう◯	「特徴」	（名）	特征，特点
どくりつ◯	「独立」	（名.动3自）	独立
とけい◯	「時計」	（名）	钟表
とこや◯	「床屋」	（名）	理发店
ところ③	「所」	（名）	地方，场所
*ところどころ④	「所々」	（名）	到处
とし②	「年」	（名）	年；岁；岁月
とし①	「都市」	（名）	城市
としょかん②	「図書館」	（名）	图书馆

としより③	「年寄り」	（名）	老年人
とだな○	「戸棚」	（名）	橱柜
とち○	「土地」	（名）	土地，当地
とちゅう○	「途中」	（名）	半路上，中途
となり○	「隣」	（名）	旁边，邻居
ともだち○	「友達」	（名）	朋友
とり○	「鳥」	（名）	鸟
どりょく①	「努力」	（名.动3自）	努力
どれ①		（名）	哪个
どろぼう○	「泥棒」	（名）	小偷
ないよう○	「内容」	（名）	内容
なか①	「中」	（名）	里面，当中
なか①	「仲」	（名）	关系，交情
なかま③	「仲間」	（名）	伙伴
*なかよし②	「仲良し」	（名）	关系好
*なし②	「梨」	（名）	梨
なつ②	「夏」	（名）	夏天
ななめ②	「斜め」	（名）	倾斜
なに/なん①	「何」	（名）	什么
なべ①	「鍋」	（名）	火锅
なま①	「生」	（名）	生，直接
なまえ○	「名前」	（名）	名字
なみ②	「波」	（名）	波浪
*なみき○	「並木」	（名）	绿茵树
なみだ①	「涙」	（名）	眼泪
*なわ②	「縄」	（名）	绳子
*なわとび③	「縄跳び」	（名）	跳绳
におい②		（名）	气味
にく②	「肉」	（名）	肉
にし○	「西」	（名）	西，西面
*にちじ②	「日時」	（名）	日期和时间
にちようひん③	「日用品」	（名）	日用品
にっき○	「日記」	（名）	日记
にほん②	「日本」	（名）	日本

にもつ①	「荷物」	（名）	行李
*にゅういん〇	「入院」	（名.動3自）	住院
にゅうがく〇	「入学」	（名.動3自）	入学
*にゅうりょく〇	「入力」	（名.動3自）	输入
にわ〇	「庭」	（名）	院子
にわとり〇	「鶏」	（名）	鸡
にんき〇	「人気」	（名）	人缘，受欢迎
にんぎょう〇	「人形」	（名）	玩偶，娃娃
にんげん〇	「人間」	（名）	人类
*ぬの〇	「布」	（名）	布
ね①	「根」	（名）	根
ねぎ①	「葱」	（名）	葱
ねこ①	「猫」	（名）	猫
ねずみ〇	「鼠」	（名）	老鼠
ねだん〇	「値段」	（名）	价格
ねつ②	「熱」	（名）	热，发烧
*ねぼう〇	「寝坊」	（名.動3自）	贪睡懒觉
ねんがじょう③	「年賀状」	（名）	贺年片
*ねんまつ〇	「年末」	（名）	年末，岁末
ねんりょう③	「燃料」	（名）	燃料
の①	「野」	（名）	原野
*のうか①	「農家」	（名）	农民，农家
のうぎょう①	「農業」	（名）	农业
*のうさんぶつ③	「農産物」	（名）	农产品
*のうそん〇	「農村」	（名）	农村
のうりつ〇	「能率」	（名）	效率
のうりょく①	「能力」	（名）	能力
のち②	「後」	（名）	之后，今后
のど①	「喉」	（名）	喉咙
のみもの②	「飲み物」	（名）	饮料
のり②		（名）	海苔
のりもの〇	「乗り物」	（名）	交通工具
は〇	「葉」	（名）	叶，叶子
は①	「歯」	（名）	牙齿

ばあい〇	「場合」	（名）	场合，时候
はい〇	「灰」	（名）	灰
*はいけん〇	「拝見」	（名.动3他）	看，拜见（自谦）
はいたつ〇	「配達」	（名.动3他）	递送
ばか①	「馬鹿」	（名.形2）	笨蛋，傻瓜
はがき〇	「葉書」	（名）	明信片
はくぶつかん④	「博物館」	（名）	博物馆
はこ〇	「箱」	（名）	箱子，盒子
はさみ③		（名）	剪刀
はし②	「橋」	（名）	桥
はし①	「箸」	（名）	筷子
はし〇	「端」	（名）	一端，一边
はじ②	「恥」	（名）	羞耻，耻辱
はじめ〇	「始め」	（名）	开始，起初
はじめ〇	「初め」	（名）	最初，初次
ばしょ〇	「場所」	（名）	地方，场所
はしら③	「柱」	（名）	柱子
はず〇		（名）	应该，理应
はた②	「旗」	（名）	旗帜
*はだ①	「肌」	（名）	肌肤，皮肤
はだか〇	「裸」	（名）	赤裸，裸体
はたけ〇	「畑」	（名）	田地
はたらき〇	「働き」	（名）	劳动，工作；机能；作用
はつおん〇	「発音」	（名）	发音
はっけん〇	「発見」	（名.动3他）	发现
はったつ〇	「発達」	（名.动3自）	发达
はってん〇	「発展」	（名.动3自）	发展
はっぴょう〇	「発表」	（名.动3他）	发表
はつめい〇	「発明」	（名.动3他）	发明
はな②	「花」	（名）	花
はな〇	「鼻」	（名）	鼻子
はなし③	「話」	（名）	话；故事
*はなみ③	「花見」	（名.动3自）	赏花
はね〇	「羽」	（名）	羽毛，翅膀

はは①	「母」	（名）	妈妈，母亲
はば〇	「幅」	（名）	宽度，幅度
ははおや〇	「母親」	（名）	母亲
ばめん①	「場面」	（名）	场面
はやし〇	「林」	（名）	树林
はら②	「腹」	（名）	肚子
はり①	「針」	（名）	针
はる①	「春」	（名）	春天
ばん①	「番」	（名）	轮班
ばん〇	「晩」	（名）	傍晚，晚上
はんい①	「範囲」	（名）	范围
ばんぐみ〇	「番組」	（名）	节目
ばんごう③	「番号」	（名）	号码
はんたい〇	「反対」	（名.动3自）	相反；反对
はんだん①	「判断」	（名.动3他）	判断
はんぶん③	「半分」	（名）	一半
ばんりのちょうじょう①	「万里の長城」	（名）	万里长城
ひ①	「日」	（名）	日子；太阳
ひ①	「火」	（名）	火
ひかく〇	「比較」	（名.动3他）	比较
ひがし〇	「東」	（名）	东，东面
ひかり③	「光」	（名）	光线
ひきだし〇	「引き出し」	（名）	抽屉
ひげ〇	「髭」	（名）	胡子
ひこうき②	「飛行機」	（名）	飞机
ひざ〇	「膝」	（名）	膝盖
びじゅつ①	「美術」	（名）	美术
ひだり〇	「左」	（名）	左边
ひつよう〇	「必要」	（名.形2）	必要，需要
ひと〇	「人」	（名）	人；别人
ひとびと②	「人々」	（名）	人们
*ひにち〇	「日にち」	（名）	每日；日期
ひふ①	「皮膚」	（名）	皮肤
ひま〇	「暇」	（名.形2）	空闲；休假

ひも◯	「紐」	（名）	带子，细绳子
*ひゃっかてん③	「百貨店」	（名）	百货商店
ひょう◯	「表」	（名）	表格
ひよう①	「費用」	（名）	费用
*びよういん②	「美容院」	（名）	美容院
びょういん◯	「病院」	（名）	医院
びょうき◯	「病気」	（名）	疾病
ひょうげん③	「表現」	（名.动3他）	表现，表达
ひょうし③	「表紙」	（名）	封面
ひょうじゅん◯	「標準」	（名）	标准
ひょうじょう③	「表情」	（名）	表情
びょうにん◯	「病人」	（名）	病人
ひょうばん◯	「評判」	（名）	名声；大获好评
ひょうめん③	「表面」	（名）	表面
ひらがな④	「平仮名」	（名）	平假名
ひる②	「昼」	（名）	白天
*ひるね◯	「昼寝」	（名.动3自）	午睡，午觉
*ひるま③	「昼間」	（名）	白天
ひろば①	「広場」	（名）	广场
びん①	「瓶」	（名）	瓶子
ふうとう◯	「封筒」	（名）	信封
ふうふ①	「夫婦」	（名）	夫妇
ふく②	「服」	（名）	衣服
ふくしゅう◯	「復習」	（名.动3他）	复习
ふくろ③	「袋」	（名）	袋子
*ふじさん①	「富士山」	（名）	富士山
ふた◯	「蓋」	（名）	盖子
ぶた◯	「豚」	（名）	猪
ぶっか◯	「物価」	（名）	物价，行市
ぶつり①	「物理」	（名）	物理
ぶどう◯	「葡萄」	（名）	葡萄
ふとん◯	「布団」	（名）	被褥
ふね①	「船」	（名）	船
ぶひん◯	「部品」	（名）	零件，部件

ぶぶん①	「部分」	（名）	部分
ふゆ②	「冬」	（名）	冬天
ふるさと②	「古里」	（名）	老家，故乡
ふろ②	「風呂」	（名）	洗澡水
ぶん①	「分」	（名）	份，分量
ぶん①	「文」	（名）	句子；文章
ぶんか①	「文化」	（名）	文化
ぶんがく①	「文学」	（名）	文学
*ぶんかけい③	「文科系」	（名）	文科
ぶんしょう①	「文章」	（名）	文章
ぶんつう〇	「文通」	（名.动3自）	通信
ぶんぽう〇	「文法」	（名）	语法
ぶんぼうぐ③	「文房具」	（名）	文具
へい〇	「塀」	（名）	围墙
へいきん〇	「平均」	（名.动3他）	平均
へいこう〇	「平行」	（名.动3自）	平行
*へいや①	「平野」	（名）	平原
へいわ〇	「平和」	（名）	和平
へや②	「部屋」	（名）	房间
へん〇	「辺」	（名）	一带，附近
へんか①	「変化」	（名.动3自）	变化
べんきょう〇	「勉強」	（名.动3他）	学习
へんじ③	「返事」	（名.动3自）	回答
べんとう③	「弁当」	（名）	盒饭
ほう①	「方」	（名）	方向，方面，类型
ぼう〇	「棒」	（名）	棍棒
ぼうえき〇	「貿易」	（名.动3自）	贸易
ほうかご〇	「放課後」	（名）	放学后
ほうこう〇	「方向」	（名）	方向
ほうこく〇	「報告」	（名.动3他）	报告
ぼうし〇	「帽子」	（名）	帽子
ほうそう〇	「放送」	（名.动他）	播送
ほうほう〇	「方法」	（名）	方法
ほうもん〇	「訪問」	（名.动3他）	访问

ほうりつ〇	「法律」	（名）	法律
*ほうれんそう⑤		（名）	菠菜
ほお①	「頬」	（名）	脸颊
ほか〇		（名）	别的，以外
ほご①	「保護」	（名.动3他）	保护
ほこり〇		（名）	尘土
ほこり〇	「誇り」	（名）	自豪；荣誉
ほし〇	「星」	（名）	星星
ほぞん〇	「保存」	（名.动3他）	保存
ほどう〇	「歩道」	（名）	人行道
ほね②	「骨」	（名）	骨头，骨架
ほん①	「本」	（名）	书
*ほんだな①	「本棚」	（名）	书架
ほんやく〇	「翻訳」	（名.动3他）	翻译
まいあさ①	「毎朝」	（名）	每天早晨
まいとし〇	「毎年」	（名）	每年
まいにち①	「毎日」	（名）	每天
まえ①	「前」	（名）	前面，以前
まくら①	「枕」	（名）	枕头
まご②	「孫」	（名）	孙子（女），外孙子（女）
まち②	「町」	（名）	城镇
まつ①	「松」	（名）	松树
まつり〇 ③	「祭り」	（名）	庙会
まど①	「窓」	（名）	窗子
まま②		（名）	原封不动，如实
まめ②	「豆」	（名）	豆，大豆
まわり〇	「周り」	（名）	周围
まんが〇	「漫画」	（名）	漫画
まんぞく①	「満足」	（名.动3自.形2）	满意，满足
まんなか〇	「真ん中」	（名）	正中间
まんねんひつ③	「万年筆」	（名）	钢笔
み〇	「実」	（名）	果实，种子
*み〇	「身」	（名）	自己；身体
みかた〇	「味方」	（名）	同伙，自己人

みかん①		（名）	柑橘
みぎ〇	「右」	（名）	右边
*みこみ〇	「見込み」	（名）	希望；预计，估计
みず〇	「水」	（名）	水
みずうみ③	「湖」	（名）	湖泊
みせ②	「店」	（名）	店
みそしる③	「味噌汁」	（名）	酱汤
みち〇	「道」	（名）	道路
みどり①	「緑」	（名）	绿色
*みな②	「皆」	（名.副）	大家；全部，一切
みなさん②	「皆さん」	（名）	大家，各位
みなと〇	「港」	（名）	港口，码头
みなみ〇	「南」	（名）	南面
みまい〇	「見舞い」	（名）	探望，慰问
みみ②	「耳」	（名）	耳朵
みぶん①	「身分」	（名）	身份
みやげ〇	「土産」	（名）	土特产，礼品
みらい①	「未来」	（名）	未来
みんぞく①	「民族」	（名）	民族
みんな③	「皆」	（名）	大家，全体
むかし〇	「昔」	（名）	从前，很早以前
むぎ①	「麦」	（名）	小麦，麦子
むこう②	「向こう」	（名）	对面，那边
むし〇	「虫」	（名）	虫子
むすこ〇	「息子」	（名）	儿子
むすめ③	「娘」	（名）	女儿
むね②	「胸」	（名）	胸部；内心
むらさき②	「紫」	（名）	紫色
むら②	「村」	（名）	村子
*むりょう①〇	「無料」	（名）	免费
め①	「目」	（名）	眼睛
め①	「芽」	（名）	芽
めいし〇	「名刺」	（名）	名片
*めいしょきゅうせき〇	「名所旧跡」	（名）	名胜古迹

めいれい⓪	「命令」	（名.动3他）	命令
めいわく①	「迷惑」	（名.动3自.形2）	麻烦；为难
めがね①	「眼鏡」	（名）	眼镜
めんせき①	「面積」	（名）	面积
めんどう③	「面倒」	（名.形2）	麻烦；照顾
もうふ①	「毛布」	（名）	毛毯，毯子
もくてき⓪	「目的」	（名）	目的
もじ①	「文字」	（名）	文字
もと①	「元」	（名）	原来
もの②	「物」	（名）	物品
もの②	「者」	（名）	人
ものがたり③	「物語」	（名）	故事，传说
ものごと②	「物事」	（名）	事物，事情
*もみじ①	「紅葉」	（名）	红叶
もも⓪	「桃」	（名）	桃子
もよう⓪	「模様」	（名）	花纹，图案；情况，样子
もり⓪	「森」	（名）	森林
もん①	「門」	（名）	大门
もんだい⓪	「問題」	（名）	问题
やおや⓪	「八百屋」	（名）	蔬菜店
やきゅう⓪	「野球」	（名）	棒球
やく②	「役」	（名）	职务，角色
やくしょ③	「役所」	（名）	官署，政府机关
やくそく⓪	「約束」	（名.动3他）	预定，约会
やくわり⓪	「役割」	（名）	任务，职责
やさい⓪	「野菜」	（名）	蔬菜
やすみ③	「休み」	（名）	休息，休假
*やちん①	「家賃」	（名）	房租
*やなぎ⓪	「柳」	（名）	柳树
やね①	「屋根」	（名）	屋顶
やま②	「山」	（名）	山
*やまおく③	「山奥」	（名）	山里
やまやま②	「山々」	（名）	群山
ゆ①	「湯」	（名）	开水，热水

ゆうがた〇	「夕方」	（名）	傍晚
ゆうき①	「勇気」	（名）	勇气
ゆうじん〇	「友人」	（名）	朋友，友人
ゆうしょく〇	「夕食」	（名）	晚饭
ゆうびんきょく③	「郵便局」	（名）	邮局
ゆうべ〇	「夕べ」	（名）	昨晚
ゆか〇	「床」	（名）	地板
ゆき②	「雪」	（名）	雪
ゆしゅつ〇	「輸出」	（名.动3他）	出口
ゆだん〇	「油断」	（名.动3自）	疏忽大意
ゆにゅう〇	「輸入」	（名.动3他）	进口
ゆび②	「指」	（名）	指头
ゆめ②	「夢」	（名）	梦；梦想
*よう①	「用」	（名）	应办的事情
*ようい①	「用意」	（名.动3他）	准备
ようきゅう〇	「要求」	（名.动3他）	要求
ようじ〇	「用事」	（名）	事，事情
ようす〇	「様子」	（名）	情况，动向，迹象
ようふく〇	「洋服」	（名）	西装
よく②	「欲」	（名）	欲望，贪心
よこ〇	「横」	（名）	横；旁边
よさん〇	「予算」	（名）	预算
よしゅう〇	「予習」	（名.动3他）	预习
よそう〇	「予想」	（名.动3他）	预料
よてい〇	「予定」	（名.动3他）	预定
よのなか②	「世の中」	（名）	世上
*よほう〇	「予報」	（名.动3他）	预报
よぼう〇	「予防」	（名.动3他）	预防
*よやく〇	「予約」	（名.动3他）	预约
よる①	「夜」	（名）	夜，夜里
りえき①	「利益」	（名）	利益
りかい①	「理解」	（名.动3他）	理解
*りかけい〇	「理科系」	（名）	理科
りく〇	「陸」	（名）	陆地

*りくじょうきょうぎ⑤	「陸上競技」	（名）	田赛，竞赛
りそう◯	「理想」	（名）	理想
りゆう◯	「理由」	（名）	理由
りゅうがく◯	「留学」	（名.动3自）	留学
りゅうこう◯	「流行」	（名.动3自）	流行
りょう①	「量」	（名）	数量
りょう①	「寮」	（名）	宿舍
りよう◯	「利用」	（名.动3他）	利用
*りょうがえ◯	「両替」	（名.动3他）	货币兑换
*りょうがわ◯	「両側」	（名）	两侧
りょうきん①	「料金」	（名）	费用
りょうしん①	「両親」	（名）	父母，双亲
りょうしん①	「良心」	（名）	良心
りょうほう③◯	「両方」	（名）	双方
りょうり①	「料理」	（名）	菜肴
りょかん◯	「旅館」	（名）	旅馆
りょこう◯	「旅行」	（名.动3自）	旅行
りろん①	「理論」	（名）	理论
るす①	「留守」	（名）	不在家
*るすばんでんわ⑤	「留守番電話」	（名）	留言电话
れい①	「例」	（名）	例子
れい①	「礼」	（名）	礼节；鞠躬
れいぎ③	「礼儀」	（名）	礼节，礼貌
れいぞうこ③	「冷蔵庫」	（名）	冰箱
れきし◯	「歴史」	（名）	历史
れつ①	「列」	（名）	行列
れんしゅう◯	「練習」	（名.动3他）	练习
れんらく◯	「連絡」	（名.动3自他）	联系
ろうか◯	「廊下」	（名）	走廊
ろうじん◯	「老人」	（名）	老人
ろうどう◯	「労働」	（名）	劳动
ろくおん◯	「録音」	（名）	录音
ろんぶん◯	「論文」	（名）	论文
*わがくに①	「我が国」	（名）	我国

わかもの①	「若者」	（名）	年轻人
わけ①	「訳」	（名）	意思，理由，道理
*わすれもの〇	「忘れ物」	（名）	丢失物；忘带
われわれ〇	「我々」	（名）	我们

動　詞

あう①	「会う」	（动1自）	会面，碰见
あう①	「合う」	（动1自）	符合，合适
*あう①	「遭う」	（动1自）	遭遇，碰上
あがる〇	「上がる」	（动1自）	上，进入，登；升起，提高
あきらめる④	「諦める」	（动2他）	死心，放弃
あきる②	「飽きる」	（动2自）	厌倦
あく〇	「開く」	（动1自）	开
あく〇	「空く」	（动1自）	空着；空闲
あける〇	「明ける」	（动2自）	天亮了
あける〇	「開ける」	（动2他）	打开，开启
あげる〇	「上げる」	（动2他）	提高
あげる〇	「挙げる」	（动2他）	抬，举
あげる〇		（动2他）	给（他人）
*あこがれる〇	「憧れる」	（动2他）	憧憬，向往
あずかる③	「預かる」	（动1他）	保管
あずける③	「預ける」	（动2他）	寄存，托付
あそぶ〇	「遊ぶ」	（动1自）	玩
あたえる〇	「与える」	（动2他）	给予
あたためる④	「暖める」	（动2他）	加温，加热
あたる〇	「当たる」	（动1自）	碰上；光线照射；猜中
あつかう〇	「扱う」	（动1他）	对待，处理
あつまる③	「集まる」	（动1自）	集合，集中
あつめる③	「集める」	（动2他）	收集，集中
あてる〇	「当てる」	（动2他）	猜；对应上
あびる〇	「浴びる」	（动2他）	浇，淋；晒
*あふれる③	「溢れる」	（动2自）	满出，溢出
あまる②	「余る」	（动1自）	余下，剩下

あやまる③	「謝る」	（动1他）	道歉
*あゆむ②	「歩む」	（动1自）	步行
あらう〇	「洗う」	（动1他）	洗
あらそう③	「争う」	（动1他）	斗争
あらためる④	「改める」	（动2他）	改正
あらわす③	「表す」	（动1他）	表现
あらわす③	「現す」	（动1他）	显露，显现
あらわれる④	「現れる」	（动2自）	出现
ある①		（动1自）	有，在
あるく②	「歩く」	（动1自）	走路
あわせる③	「合わせる」	（动2他）	配合
あわてる〇	「慌てる」	（动2自）	慌张
*いいあらわす⑤	「言い表す」	（动1他）	表达
いう〇	「言う」	（动1他）	说
いかす②	「生かす」	（动1他）	弄活；有效利用
いきる②	「生きる」	（动2自）	生活；生动
いく〇	「行く」	（动1自）	去，往
いじめる〇	「苛める」	（动2他）	欺负，虐待
いそぐ②	「急ぐ」	（动1自）	急着做，赶快
いたす②		（动1自他）	做
いただく〇		（动1他）	承蒙；吃
いためる③	「炒める」	（动2他炒）	（用油）炒
いのる②	「祈る」	（动1他）	祈祷
いらっしゃる④		（动1自）	（尊他）在；来
いる〇		（动2自）	（人，动物）在，有
いる〇	「要る」	（动1自）	需要
いれる〇	「入れる」	（动2他）	放入
いわう②	「祝う」	（动1他）	祝贺
うえる〇	「植える」	（动2他）	种植
うかぶ〇	「浮かぶ」	（动1自）	漂浮，浮现
*うかべる〇	「浮かべる」	（动2他）	使浮起
うける②	「受ける」	（动2他）	接受
*うけつけ〇	「受付」	（名.动3他）	问事处；处理
うけとる〇	「受け取る」	（动1他）	接受

うごかす③	「動かす」	（动1他）	开动，转动
うごく②	「動く」	（动1自）	活动
うしなう○	「失う」	（动1他）	失去，丧失
うたう○	「歌う」	（动1他）	唱歌
うたがう○	「疑う」	（动1他）	怀疑
うつ①	「打つ」	（动1他）	打击，打
うつくしい④	「美しい」	（形1）	美丽的
うつす②	「移す」	（动1他）	移动
うつす②	「写す」	（动1他）	拍照；抄写
うつす②	「映す」	（动1他）	照映
うつる②	「移る」	（动1自）	移动
うつる○	「写る」	（动1自）	照相
*うなずく③	「頷く」	（动1自）	点头
うばう②	「奪う」	（动2他）	剥夺
うまれる○	「生まれる」	（动2自）	出生；产生
うむ○	「生む」	（动1他）	产生
うめる○	「埋める」	（动2他）	埋
うる○	「売る」	（动1他）	卖
えらぶ②	「選ぶ」	（动1他）	选择
える①	「得る」	（动2他）	得到
おう○	「追う」	（动1他）	追赶；催逼
*おう○	「負う」	（动1他）	背负
おきる②	「起きる」	（动2自）	起床；引起
おく○	「置く」	（动1他）	放置
おくる○	「送る」	（动1他）	送；送别；度日
おくる○	「贈る」	（动1他）	赠送
おくれる○	「遅れる」	（动2自）	迟到，落后
おこす②	「起こす」	（动1他）	叫醒；引起；发起
おこなう○	「行う」	（动1他）	进行
おこる②	「起こる」	（动1自）	发生
おこる②	「怒る」	（动1自）	生气
おさえる③	「押さえる」	（动2他）	压抑住
おさめる③	「収める」	（动2他）	收藏，收起来
おしえる○	「教える」	（动2他）	告诉

おす○	「押す」	（动1他）	压，推
おそれる③	「恐れる」	（动2自）	恐怕
おそわる○	「教わる」	（动1他）	受教
おちつく○	「落ち着く」	（动1自）	沉着
おちる②	「落ちる」	（动2自）	掉落
おっしゃる③		（动1他）	（尊他）说
おとす②	「落とす」	（动1他）	使落下；丢失
おとずれる④	「訪れる」	（动2自他）	访问
おどる○	「踊る」	（动1自）	跳舞
おどろく③	「驚く」	（动1自）	吃惊
おぼえる③	「覚える」	（动2他）	记住
*おもいうかべる○	「思い浮かべる」	（动2他）	回忆起
*おもいきる○ ②	「思い切る」	（动1他）	断念，死心；下决心
おもいだす④	「思い出す」	（动1他）	回忆
おもいやる○	「思いやる」	（动1他）	关心，体贴
おもう②	「思う」	（动1他）	想，思考
およぐ②	「泳ぐ」	（动1自）	游泳
おりる②	「降りる」	（动2自）	下来
おりる②	「下りる」	（动2自）	下来
おる①	「折る」	（动1他）	折
おれる②	「折れる」	（动2自）	折断
おろす②	「下ろす」	（动1他）	取下
おろす②	「降ろす」	（动1他）	提钱；下来；坐下
おわる○	「終わる」	（动1自）	结束
かう○	「買う」	（动1他）	买
かう①	「飼う」	（动1他）	养
かえす①	「返す」	（动1他）	归还
かえす①	「帰す」	（动1他）	使回去
かえる①	「帰る」	（动1自）	回家
かえる○	「変える」	（动2他）	改变
かえる○	「替える」	（动2他）	更换
*かがやく③	「輝く」	（动1自）	发光
かかる②		（动1自）	患（病）
かかる②	「掛かる」	（动1自）	花费

かかる②	「掛かる」	（动1自）	上锁
かぎる②	「限る」	（动1自）	限定
かく①	「書く」	（动1他）	写
かぐ〇	「嗅ぐ」	（动1他）	闻
かくす②	「隠す」	（动1他）	掩盖，隐藏
かくれる③	「隠れる」	（动2自）	躲藏
かける②	「掛ける」	（动2他）	挂；坐；花费；搭话
*かける②	「駆ける」	（动2自）	快跑
*かける〇	「欠ける」	（动2自）	欠缺
かこむ〇	「囲む」	（动1他）	包围
*かさなる〇	「重なる」	（动1自）	堆叠
かさねる〇	「重ねる」	（动2他）	叠加；反复
かざる〇	「飾る」	（动1他）	装饰
かす〇	「貸す」	（动1他）	借出
かぞえる③	「数える」	（动2他）	数
かたづける④	「片付ける」	（动2他）	收拾
かたむく③	「傾く」	（动1自）	倾斜；倾向于
*かたる〇	「語る」	（动1他）	说
かつ①	「勝つ」	（动1自）	赢
かぶる②	「被る」	（动1他）	戴（帽子）
かまう②	「構う」	（动1他）	介意；张罗
かむ①		（动1他）	咬
かよう〇	「通う」	（动1自）	往来；上学
かりる〇	「借りる」	（动2他）	借来
かれる〇	「枯れる」	（动2自）	枯萎
かわかす③	「乾かす」	（动1他）	弄干
かわく②	「乾く」	（动1自）	干燥
かわる〇	「変わる」	（动1自）	变化；不同
かわる〇	「代わる」	（动2自）	代理，替代
かわる〇	「替わる」	（动2自）	更换
かんがえる④	「考える」	（动2他）	考虑
かんじる〇	「感じる」	（动2他）	感到
がんばる③	「頑張る」	（动1自）	努力
きえる〇	「消える」	（动2自）	消失

きく〇	「聞く」	（动1他）	听闻；询问
*きく〇	「利く」	（动1自）	有效；起作用
きこえる〇	「聞こえる」	（动2自）	听到
きせる〇	「着せる」	（动2他）	给……穿上
きづく②	「気付く」	（动1自）	发觉；意识到，想起
きまる〇	「決まる」	（动1自）	决定
きめる〇	「決める」	（动2他）	决定
きらう〇	「嫌う」	（动1他）	讨厌
きる〇	「着る」	（动2他）	穿
きる①	「切る」	（动1他）	切开
きれる②	「切れる」	（动2自）	断开；到期
くさい②	「臭い」	（形1）	难闻的
くさる②	「腐る」	（动1自）	腐烂
くずす②	「崩す」	（动1他）	拆掉；弄零散；换成零钱
くずれる③	「崩れる」	（动2自）	坍塌；溃败
くださる③		（动1他）（尊他）	送，给
*くだる〇	「下る」	（动1自）	下降；后退
くばる②	「配る」	（动1他）	分配
くみあわせる〇	「組み合わせる」	（动2他）	组合；搭配
*くむ①	「組む」	（动1自他）	交叉；组成
くもる②	「曇る」	（动1自）	阴天
くらす〇	「暮らす」	（动1自）	生活
くらべる〇	「比べる」	（动2他）	比较
くりかえす③	「繰り返す」	（动1他）	反复
くる①	「来る」	（动3自）	来
くるしむ③	「苦しむ」	（动1自）	感到痛苦
くれる〇		（动2他）	给（自己）
くれる〇	「暮れる」	（动2自）	天黑
くわえる〇	「加える」	（动2他）	加上
*くわわる〇 ③	「加わる」	（动1自）	加上
けす〇	「消す」	（动1他）	关；擦去
けずる〇	「削る」	（动1他）	削减
ける①	「蹴る」	（动1他）	踢
こえる〇	「超える」	（动2自超过）	超出

こえる◯	「越える」	（动2自）	越过
こおる◯	「凍る」	（动1自）	结冰
こぐ①	「漕ぐ」	（动1他）	划船
*こしかける④	「腰掛ける」	（动2自）	坐下
こする②		（动1他）	摩擦
こたえる③	「答える」	（动2自）	回答
ことわる③	「断る」	（动1他）	谢绝；事先打招呼
こまる②	「困る」	（动1自）	感觉为难
こむ①	「込む」	（动1自）	拥挤
こめる②	「込める」	（动2他）	装，填；倾注
*ころげる◯	「転げる」	（动2自）	跌倒
ころす◯	「殺す」	（动1他）	杀死
ころぶ◯	「転ぶ」	（动1自）	摔倒
こわす②	「壊す」	（动1他）	使……损坏
こわれる③	「壊れる」	（动2自）	毁坏
さがす◯	「捜す」	（动1他）	寻找
さがす◯	「探す」	（动1他）	查找
さがる②	「下がる」	（动1自）	下降；后退
さく◯	「咲く」	（动1自）	开花
さけぶ◯	「叫ぶ」	（动1自）	喊叫
さける②	「避ける」	（动2他）	避开
さげる②	「下げる」	（动2他）	降低；撤退
ささえる◯	「支える」	（动2他）	支撑；支持
さしあげる◯	「差し上げる」	（动2他）	给，赠送
さす①	「差す」	（动1他）	举
さす①	「指す」	（动1他）	指
さす①	「刺す」	（动1他）	刺，扎
さそう◯	「誘う」	（动1他）	邀请
さめる②	「覚める」	（动2自）	睡醒；醒悟
*さめる②	「冷める」	（动自）	变冷，变凉
さる①	「去る」	（动1自）	离去；过去
さわぐ②	「騒ぐ」	（动1自）	吵闹
さわる◯	「触る」	（动1自）	触摸
しかる◯	「叱る」	（动1他）	斥责；批评

しく○	「敷く」	（动1他）	铺
しげる②	「茂る」	（动1自）	茂盛
しずむ○	「沈む」	（动1自）	沉没；消沉
したがう○	「従う」	（动1自）	遵从
*したしむ③	「親しむ」	（动1自他）	亲密；欣赏
しぬ○	「死ぬ」	（动1自）	死
しばる②	「縛る」	（动1他）	捆绑
しぼる②	「絞る」	（动1他）	挤
しまう○	「仕舞う」	（动1他）	收起来；做完
しまる②	「閉まる」	（动1自）	关闭
しめす②	「示す」	（动1他）	出示
しめる②	「閉める」	（动2他）	关闭
しめる②	「占める」	（动2他）	占，占有
*しゃべる②	「喋る」	（动1他）	说话，喋喋不休
しらせる○	「知らせる」	（动2他）	通知，告知
しらべる③	「調べる」	（动2他）	调查，查找
しりあう③	「知り合う」	（动1自）	相识
しる○	「知る」	（动1他）	知道，认识
しんじる③	「信じる」	（动2他）	相信
すう○	「吸う」	（动1他）	吸；吸引
すぎる②	「過ぎる」	（动2自）	超过
すく○	「空く」	（动1自）	空，饿
すくう○	「救う」	（动1他）	拯救；救济
すぐれる○	「優れる」	（动2自）	出色，优秀
すごす②	「過ごす」	（动1他）	度过
すすむ○	「進む」	（动1自）	前进
すすめる○	「進める」	（动2他）	推进
すすめる○	「勧める」	（动2他）	建议
すてる○	「捨てる」	（动2他）	扔掉
すべる②	「滑る」	（动1自）	滑
すむ①	「住む」	（动1自）	住
すむ①	「済む」	（动1自）	完了，解决
する○		（动3自他）	做
する①	「掏る」	（动1他）	偷

すわる〇	「座る」	（动1自）	坐下
そだつ②	「育つ」	（动1自）	生长，成长
そだてる③	「育てる」	（动2他）	培养，教育
そろう②	「揃う」	（动1自）	凑齐
そろえる③	「揃える」	（动2他）	使……一致
たいする③	「対する」	（动3子）	对于
たおす②	「倒す」	（动1他）	弄倒
たおれる③	「倒れる」	（动2自）	倒下；病倒
たかめる③	「高める」	（动2他）	提高
だく〇	「抱く」	（动1他）	抱；孵
たしかめる④	「確かめる」	（动2他）	弄清，查明
だす①	「出す」	（动1他）	取出；寄信
たすかる③	「助かる」	（动1自）	帮助
たすける③	「助ける」	（动2他）	得救；省事；有帮助
たずねる③	「訪ねる」	（动2他）	访问
たずねる③	「尋ねる」	（动2他）	询问
たたかう〇	「戦う」	（动1自）	战斗
たたく②	「叩く」	（动1他）	敲
たたむ〇	「畳む」	（动1他）	折叠
*たちあがる〇	「立ち上がる」	（动1自）	站立，站起来
たつ①	「立つ」	（动1自）	站立
たつ①	「経つ」	（动1自）	事件经过
たてる②	「立てる」	（动2他）	站立；掀起；制定
たてる②	「建てる」	（动2他）	建造
たのしむ③	「楽しむ」	（动1他）	享受，欣赏；期待
たのむ②	「頼む」	（动1他）	拜托，请求；依靠
たべる②	「食べる」	（动2他）	吃
*だます②	「騙す」	（动1他）	欺骗；哄
たまる〇	「溜まる」	（动1自）	攒，积蓄
だまる②	「黙る」	（动1自）	沉默；瞒着
ためす②	「試す」	（动1他）	尝试
ためる〇	「溜める」	（动2他）	积蓄
*たよる②	「頼る」	（动1他）	依靠
たりる〇	「足りる」	（动2自）	足够

ちがう◯	「違う」	（动1自）	不同
ちかづく③	「近付く」	（动1自）	靠近
ちる◯	「散る」	（动1自）	凋谢；分散
つうじる◯	「通じる」	（动2自他）	理解；相通
つかう◯	「使う」	（动1他）	使用
つかまえる◯	「捕まえる」	（动1他）	抓住
つかむ②	「掴む」	（动1他）	握住
つかれる③	「疲れる」	（动2自）	疲乏
つきあう③	「付き合う」	（动1自）	交往，相处
つく①	「着く」	（动1自）	到达
つく①	「付く」	（动1自）	随着，带有
つく◯	「突く」	（动1他）	扎，刺
*つぐ◯	「継ぐ」	（动1他）	继承
つくす②	「尽くす」	（动1他）	尽力
つくる②	「作る」	（动1他）	做，制作
つける②	「付ける」	（动2他）	贴上；靠近；扭开
つたえる◯	「伝える」	（动2他）	传达，转告
つたわる◯	「伝わる」	（动1自）	传播
つづく◯	「続く」	（动1自）	连续
つづける◯	「続ける」	（动2他）	继续
つつむ②	「包む」	（动1他）	包，笼罩
つとめる③	「勤める」	（动2自）	任职，工作
*つながる◯	「繋がる」	（动1自）	联系，连接
つなぐ◯	「繋ぐ」	（动1他）	连接，接合
*つぶやく③		（动1他）	自言自语
*つぶれる◯	「潰れる」	（动2自）	倒塌；破产
つむ◯	「積む」	（动1他）	堆积；装卸；积累
つめる②	「詰める」	（动2他）	塞；挤紧
*つもる②	「積もる」	（动1自）	堆积；积存
つる◯	「釣る」	（动1他）	钓，钩
つれる◯	「連れる」	（动2他）	带，领
であう◯	「出会う」	（动1自）	遇见，碰到
でかける◯	「出掛ける」	（动2自）	外出，出门
*できあがる◯	「出来上がる」	（动1自）	完成

できる②		（动1自）	能够做，交朋友；产生；出现
てつだう③	「手伝う」	（动2自）	帮忙
てらす②	「照らす」	（动1他）	照
でる①	「出る」	（动1他）	出；参加
とおす①	「通す」	（动1他）	穿过，通过
とおる①	「通る」	（动1自）	通行
とく①	「解く」	（动1他）	解开
とける②	「溶ける」	（动2自）	溶化
とける②	「解ける」	（动2自）	解开，解除
とじる②	「閉じる」	（动2自他）	关闭
とどく②	「届く」	（动1自）	传达
とどける③	「届ける」	（动2他）	递送
とぶ〇	「飛ぶ」	（动1自）	飞行
とまる〇	「止まる」	（动1自）	停止
とまる〇	「泊まる」	（动1自）	住宿
とめる〇	「止める」	（动2他）	使……停下
とめる〇	「泊める」	（动2他）	住宿
*とりいれる〇	「取り入れる」	（动2他）	收获
とりかえる〇	「取り替える」	（动2他）	更换
とりくむ〇③	「取り組む」	（动1自）	互相扭住；全力以赴
*とりだす〇③	「取り出す」	（动1他）	取出
とる①	「取る」	（动1他）	拿
*とれる②	「取れる」	（动2自）	脱掉，掉下；出产
なおす②	「直す」	（动1他）	修理；改正
なおす②	「治す」	（动1他）	医治
なおる②	「直る」	（动1自）	修好；改好
なおる②	「治る」	（动1自）	治愈；痊愈
ながす②	「流す」	（动1他）	流；放
ながめる③	「眺める」	（动2他）	眺望
ながれる③	「流れる」	（动2自）	流动
なく〇	「泣く」	（动1自）	哭泣
なく〇	「鳴く」	（动1自）	啼鸣
なくす〇	「無くす」	（动1他）	丢，丢失
なくなる〇	「無くなる」	（动1自）	丢失，消失

なくなる○	「亡くなる」	（动1自）	死亡
*なぐる○	「殴る」	（动1他）	打
なげる②	「投げる」	（动2他）	抛，扔
なまける③	「怠ける」	（动2自他）	懒惰，懈怠
なやむ②	「悩む」	（动1自）	烦恼，苦恼
ならう②	「習う」	（动1他）	学习
ならぶ○	「並ぶ」	（动1自）	排列
ならべる○	「並べる」	（动2他）	摆，排列
なる①	「成る」	（动1自）	成为
なる①	「鳴る」	（动1自）	鸣叫
なれる②	「慣れる」	（动2自）	习惯，适应
*にがす②	「逃がす」	（动1他）	逃跑
にぎる○	「握る」	（动1他）	握，掌握
にげる②	「逃げる」	（动2自）	逃跑
にる○	「似る」	（动2自）	相似
にる○	「煮る」	（动2他）	煮
ぬう①	「縫う」	（动1他）	缝；穿过
ぬく○	「抜く」	（动1他）	拔，抽
ぬぐ①	「脱ぐ」	（动1他）	脱
*ぬける○	「抜ける」	（动2自）	脱落；遗漏
ぬすむ②	「盗む」	（动1他）	偷盗
ぬる○	「塗る」	（动1他）	涂抹
ぬれる○	「濡れる」	（动2自）	淋湿
ねがう②	「願う」	（动1他）	许愿
ねむる○	「眠る」	（动1自）	睡觉
ねる○	「寝る」	（动2自）	躺，睡觉
のこす②	「残す」	（动1他）	剩下，留下
のこる②	「残る」	（动1自）	留
のせる○	「乗せる」	（动2他）	让人乘上
のせる○	「載せる」	（动2他）	装载；刊载；在……上
のぞく○	「除く」	（动1他）	除去；开除
のぞむ○	「望む」	（动1他）	希望
のばす②	「延ばす」	（动1他）	延长
のばす②	「伸ばす」	（动1他）	伸展；提高

のびる②	「伸びる」	（动2自）	延展
*のぼる〇	「上る」	（动2自）	温度上升；地位提高
のぼる〇	「昇る」	（动2自）	上升，升起
のぼる〇	「登る」	（动1自）	攀登
のむ①	「飲む」	（动1他）	喝
のりかえる④③	「乗り換える」	（动1自）	换乘
のる〇	「乗る」	（动1自）	乘坐
はいる①	「入る」	（动1自）	进入
はえる②	「生える」	（动2自）	长出
はかる②	「量る」	（动1他）	量
はかる②	「計る」	（动1他）	计算
はく①	「吐く」	（动1他）	吐；吐露；冒出
はく①	「掃く」	（动1他）	打扫
はく〇		（动1他）	穿
はげます③	「励ます」	（动1他）	鼓励
はこぶ〇	「運ぶ」	（动1他）	运动
はじまる〇	「始まる」	（动1自）	开始，发生，起源
はじめる〇	「始める」	（动2他）	开始
はしる②	「走る」	（动1自）	跑；通往
はずす〇	「外す」	（动1他）	取下；离开
はずれる〇	「外れる」	（动2自）	落空，不中；脱落
はたす②	「果たす」	（动1他）	完成
はたらく〇	「働く」	（动1自）	工作，劳动；起作用
はなす②	「話す」	（动1他）	交谈
はなす②	「離す」	（动1他）	离开
はなす②	「放す」	（动1他）	放开，放掉
はなしあう④	「話し合う」	（动1自）	交谈
はなれる③	「離れる」	（动2自）	离开；相隔
はめる〇	「嵌める」	（动2他）	嵌，戴上
はやる②	「流行る」	（动1自）	流行
はらう②	「払う」	（动1他）	擦；付钱，支付
はる〇	「張る」	（动1他）	贴；拉伸
*はれる〇	「腫れる」	（动2自）	肿
はれる②	「晴れる」	（动2自）	天气晴朗

ひえる②	「冷える」	（动2自）	发凉
ひかる②	「光る」	（动1自）	发光
ひきうける④	「引き受ける」	（动2他）	承担，接受
ひく〇	「引く」	（动1他）	拉；拖；画
ひく〇	「弾く」	（动1他）	弹，弹奏
びっくり③		（动3自）	吃惊
*ひっこす③	「引っ越す」	（动1他）	搬家
ひやす②	「冷やす」	（动1他）	冷却
ひらく②	「開く」	（动1他）	打开
ひろう〇	「拾う」	（动1他）	捡
ひろがる〇	「広がる」	（动1自）	展开
ひろげる〇	「広げる」	（动2他）	扩大
ふえる②	「増える」	（动2自）	增加
ふかめる③	「深める」	（动2他）	加深
ふく①	「吹く」	（动1自）	吹，刮
ふく〇	「拭く」	（动1他）	擦拭
ふくむ②	「含む」	（动2他）	包含，含有
ふくめる③	「含める」	（动2他）	包含，包括
ふせぐ②	「防ぐ」	（动1他）	防止，防守
ふとる②	「太る」	（动1自）	发胖
ふむ〇	「踏む」	（动1他）	踩踏
ふやす②	「増やす」	（动2他）	增加；繁殖
ふる①	「降る」	（动1自）	下（雨，雪）
ふる〇	「振る」	（动1他）	挥
*ふるえる〇	「震える」	（动2自）	发抖
へる〇	「減る」	（动1自）	减少
へる①	「経る」	（动1自）	经过
*ほうる〇	「抛る」	（动1他）	抛，扔
ほす①	「干す」	（动1他）	晒干；弄干
ほめる②	「褒める」	（动2他）	表扬
ほる①	「掘る」	（动1他）	挖掘
まいる①	「参る」	（动1自）	（自谦）去，来
まがる〇	「曲がる」	（动1自）	弯曲；拐弯
まく〇	「巻く」	（动1他）	卷上

まける○	「負ける」	（动2自）	输
まげる○	「曲げる」	（动2他）	弄弯
まじる②	「混じる」	（动1自）	混杂
まぜる②	「混ぜる」	（动2他）	掺和
まちがう③	「間違う」	（动1自）	弄错
まちがえる④③	「間違える」	（动2他）	搞错
まつ①	「待つ」	（动1他）	等待
まとまる○	「纏まる」	（动1自）	集中起来
まとめる○	「纏める」	（动2他）	总结
まなぶ○	「学ぶ」	（动1他）	学习
まにあう③	「間に合う」	（动1自）	赶得上
*まねく②	「招く」	（动1他）	招呼；聘请；招待
まもる②	「守る」	（动1他）	遵守
まよう②	「迷う」	（动1自）	困惑，迷失
まわす○	「回す」	（动1他）	旋转
まわる○	「回る」	（动1自）	回转
みえる②	「見える」	（动2自）	看见
みおくる○	「見送る」	（动1他）	目送
みおろす○	「見下ろす」	（动1他）	俯视
みがく○	「磨く」	（动1他	刷干净；磨；磨炼
みせる②	「見せる」	（动2他）	给……看
みつかる○	「見つかる」	（动1自）	被看到，被发现；找到
みつける○	「見つける」	（动2他）	找，发现
みとめる○	「認める」	（动2他）	承认
みる①	「見る」	（动2他）	看
むかう○	「向かう」	（动1自）	向，朝
むかえる○	「迎える」	（动2他）	迎接
むく○	「向く」	（动1自他）	向，面对；适合
むける○	「向ける」	（动2他）	向，对
むすぶ○	「結ぶ」	（动1他）	接连；接合
めぐまれる⑤	「恵まれる」	（动2自）	收到恩赐
めだつ②	「目立つ」	（动1自）	显眼
*もうしこむ④	「申し込む」	（动1他）	申请
もうす①	「申す」	（动1他）	（自谦）说，叫做

もえる◯	「燃える」	（动2自）	燃烧
*もたらす③		（动1他）	带来，造成
もちいる③	「用いる」	（动2他）	使用
もつ①	「持つ」	（动1他）	携带，持有
もどす②	「戻す」	（动1他）	返还
もとめる③	「求める」	（动2他）	想要，寻求，要求
もどる②	「戻る」	（动1自）	返回
もやす◯	「燃やす」	（动1他）	燃烧
もらう◯		（动1他）	得到
やく◯	「焼く」	（动1他）	烧烤
やくす②	「訳す」	（动1他）	翻译，解释
やくだつ③	「役立つ」	（动1自）	起作用，有助于
*やける◯	「焼ける」	（动2自）	着火，燃烧
やしなう③	「養う」	（动1他）	养活，养育
やすむ②	「休む」	（动1自）	休息
やせる◯	「痩せる」	（动2自）	瘦
やとう②	「雇う」	（动1他）	雇佣
やぶる②	「破る」	（动1他）	弄破，打败
やぶれる③	「破れる」	（动2自）	破，打败
やむ◯	「止む」	（动1自）	雨、雪等停止
やめる◯	「止める」	（动2他）	停止，取消
やる◯		（动1他）	做
ゆずる◯	「譲る」	（动1他）	让给
ゆるす②	「許す」	（动1他）	允许，宽恕
ゆれる◯	「揺れる」	（动2自）	摇晃
よごれる◯	「汚れる」	（动2自）	脏
よびかける④	「呼び掛ける」	（动2自）	呼唤，召唤
よぶ◯	「呼ぶ」	（动1他）	叫；喊叫
よむ①	「読む」	（动1他）	读，念
よる◯	「寄る」	（动1自）	靠近；顺便到
よる◯		（动1自）	由于，取决于
よろこぶ③	「喜ぶ」	（动1自）	欢喜，乐意
わかす◯	「沸かす」	（动1他）	烧热，烧开
わかる②	「分かる」	（动1自）	明白

わかれる③	「分かれる」	（动2自）	分开
わかれる③	「別れる」	（动2自）	分别，离别
わく〇	「沸く」	（动1自）	沸腾，烧开
わく〇	「湧く」	（动1自）	涌出，冒出
わける②	「分ける」	（动2他）	分开，划分，分解
わすれる〇	「忘れる」	（动2他）	忘记
わたす〇	「渡す」	（动1他）	递给，交给
わたる〇	「渡る」	（动1自）	渡江，过河
わらう〇	「笑う」	（动1自）	笑
わる〇	「割る」	（动1他）	分；弄碎
われる〇	「割れる」	（动自）	破裂；分裂

形容詞

あおい②	「青い」	（形1）	蓝的；绿的
あかい〇	「赤い」	（形1）	红的
あかるい〇	「明るい」	（形1）	明亮的；性格开朗
あきらか②	「明らか」	（形2）	明显
あさい〇	「浅い」	（形1）	浅；淡
あざやか②	「鮮やか」	（形2）	鲜艳；出色
あたたかい④	「暖かい」	（形1）	暖和
あたたかい④	「温かい」	（形1）	温暖；热情；和睦
あたらしい④	「新しい」	（形1）	新的
あつい②	「暑い」	（形1）	热
あつい	「熱い」	（形1）	热
あつい〇	「厚い」	（形1）	厚的；深厚的
あぶない〇	「危ない」	（形1）	危险
あまい〇	「甘い」	（形1）	甜
*ありがたい④	「有り難い」	（形1）	谢谢；难得的
あんぜん〇	「安全」	（名.形2）	安全
いい①/よい①		（形1）	好的
いけない〇		（形1）	不许，不可以
いそがしい④	「忙しい」	（形1）	忙
いたい②	「痛い」	（形1）	疼痛

いや②	「嫌」	（形1）	讨厌
うすい○	「薄い」	（形1）	薄；淡
うまい②		（形1）	好吃；好，出色；高明
うらやましい⑤	「羨ましい」	（形1）	羡慕
うるさい③		（形1）	吵闹；啰嗦；麻烦；讨厌
うれしい③	「嬉しい」	（形1）	开心
えらい②	「偉い」	（形1）	了不起，地位高
おいしい○	「美味しい」	（形1）	好吃
おおい①	「多い」	（形1）	多
おおきい③	「大きい」	（形1）	大的
おかしい③		（形1）	奇怪
*おさない③	「幼い」	（形1）	年幼的
おしい②	「惜しい」	（形1）	可惜
おそい○	「遅い」	（形1）	慢，晚
おそろしい④	「恐ろしい」	（形1）	可怕的
おとなしい④		（形1）	规矩，乖巧
おなじ○	「同じ」	（形2）	相同
おもい○	「重い」	（形1）	重的
おもしろい④	「面白い」	（形1）	有意思的
*かがやかしい⑤	「輝かしい」	（形1）	光辉的
*かぎりない④	「限りない」	（形1）	无限
かくじつ○	「確実」	（形2）	确定
かしこい③	「賢い」	（形1）	聪明的
かたい○	「固い」	（形1）	坚实
かって○	「勝手」	（名.形2）	任意，随便
かなしい○	「悲しい」	（形1）	悲伤
かゆい②	「痒い」	（形1）	痒
からい②	「辛い」	（形1）	辣
かるい○	「軽い」	（形1）	轻
かわいい③	「可愛い」	（形1）	可爱
かわいそう④	「可哀想」	（形2）	可怜
かんぜん○	「完全」	（形2）	完全
かんたん○	「簡単」	（形2）	简单
きいろい○	「黄色い」	（形1）	黄色

きけん◯	「危険」	（形2）	危险
きたない③	「汚い」	（形1）	肮脏
きのどく③	「気の毒」	（形2）	可怜，可惜
きびしい③	「厳しい」	（形1）	严格
ぎゃく◯	「逆」	（名.形2）	反
きゅう◯	「急」	（名.形2）	紧急的；突然；陡峭
きらい◯	「嫌い」	（形2）	讨厌
きれい①	「綺麗」	（形2）	漂亮；干净
*きんべん◯	「勤勉」	（名.形2）	勤快
くやしい③	「悔しい」	（形1）	遗憾
くらい◯	「暗い」	（形1）	昏暗，灰暗
くるしい③	「苦しい」	（形1）	痛苦；艰难
くろい②	「黒い」	（形1）	黑的
くわしい③	「詳しい」	（形1）	详细；熟悉，精通
けっこう◯	「結構」	（形2）	很好；足够；不必
げんき①	「元気」	（形2）	健康
こい①	「濃い」	（形1）	浓稠
こまかい③	「細かい」	（形1）	细小
こわい②	「怖い」	（形1）	可怕
*さいわい◯	「幸い」	（名.形2.副）	幸运；幸好
さかさま◯	「逆様」	（名.形2）	颠倒
さかん◯	「盛ん」	（形2）	兴盛，热烈
さびしい③	「寂しい」	（形1）	孤单寂寞
さまざま③	「様々」	（名.形2）	各种各样
さむい②	「寒い」	（形1）	寒冷
*さわがしい④	「騒がしい」	（形1）	吵闹
*さわやか②	「爽やか」	（形2）	爽快；清爽
ざんねん③	「残念」	（形2）	遗憾
しあわせ◯	「幸せ」	（名.形2）	幸亏，幸福
しずか①	「静か」	（形2）	安静
したしい③	「親しい」	（形1）	亲密
じみ②	「地味」	（形2）	朴素，土气
じゆう②	「自由」	（名.形2）	自由，随便
じゅうぶん③	「十分」	（形2）	充分，足够

じゅうよう◯	「重要」	（形2）	重要
しょうじき◯	「正直」	（形2）	老实
じょうず③	「上手」	（形2）	擅长
じょうぶ◯	「丈夫」	（形2）	结实
しろい②	「白い」	（形1）	白的
しんけん◯	「真剣」	（形2）	认真
しんせつ①	「親切」	（形2）	热情
しんせん◯	「新鮮」	（形2）	新鲜
すき②	「好き」	（形2）	喜欢
すくない③	「少ない」	（形1）	少，不多
すごい②		（形1）	好厉害
すずしい③	「涼しい」	（形1）	凉快
すっぱい③	「酸っぱい」	（形1）	酸
すてき◯	「素敵」	（形2）	极好
すばらしい④	「素晴らしい」	（形1）	非常好
ずるい②	「狡い」	（形1）	狡猾
するどい③	「鋭い」	（形1）	尖锐
せいかく◯	「正確」	（名.形2）	正确
ぜいたく③	「贅沢」	（名.形2）	奢侈
せっきょくてき◯	「積極的」	（形2）	积极地
せまい②	「狭い」	（形1）	狭窄
たいくつ◯	「退屈」	（名.形2）	无聊
だいじ◯	「大事」	（形2）	保重
だいじょうぶ③	「大丈夫」	（形2）	没关系
たいせつ◯	「大切」	（形2）	重要；珍重
たいら◯	「平ら」	（形2）	平的
たいへん◯	「大変」	（形2）	够呛
たかい②	「高い」	（形1）	高的；贵的
たしか①	「確か」	（形2）	确实；大概
ただしい③	「正しい」	（形1）	正确
たのしい③	「楽しい」	（形1）	快乐
だめ②	「駄目」	（形2）	不可以
*だるい②		（形1）	倦怠的
ちいさい③	「小さい」	（形1）	小的

ちかい②	「近い」	（形1）	近；近似
*ちからづよい⑤	「力強い」	（形1）	强有力
つまらない③		（形1）	没意思
つめたい〇	「冷たい」	（形1）	凉的
つよい②	「強い」	（形1）	强
つらい〇	「辛い」	（形1）	痛苦
ていねい①	「丁寧」	（形2）	仔细；客气
てきとう〇	「適当」	（形2）	适当
とくい②	「得意」	（形2）	擅长
とくべつ〇	「特別」	（形2）	特别
とおい〇	「遠い」	（形1）	远
ない①		（形1）	没有
ながい②	「長い」	（形1）	长久
*なさけない④	「情けない」	（形1）	可叹的；无情；可耻
なつかしい④	「懐かしい」	（形1）	怀念
なめらか②	「滑らか」	（形2）	光滑；流畅
にがい②	「苦い」	（形1）	痛苦；苦的
にがて③	「苦手」	（形2）	不擅长
にぎやか②	「賑やか」	（形2）	热闹
ぬるい②	「温い」	（形1）	温
ねっしん①	「熱心」	（形2）	热情
ねむい〇	「眠い」	（形1）	犯困
はげしい③	「激しい」	（形1）	激烈
はずかしい④	「恥ずかしい」	（形1）	害羞，惭愧
はで②	「派手」	（名.形2）	花哨
はやい②	「早い」	（形1）	快；早
はやい②	「速い」	（形1）	快，迅速
ひくい②	「低い」	（形1）	低的，矮的
ひどい②		（形1）	过分
ひとしい③	「等しい」	（形1）	等同于
ひろい②	「広い」	（形1）	宽广
びんぼう①	「貧乏」	（形2）	贫穷
ふあん〇	「不安」	（形2）	不安
ふかい②	「深い」	（形1）	深

ふくざつ◯	「複雑」	（形2）	复杂
ぶじ◯	「無事」	（名.形2）	平安无事
ふしぎ◯	「不思議」	（名.形2）	奇怪，不可思议
ふとい②	「太い」	（形1）	胖，粗
ふべん①	「不便」	（形2）	不便
ふるい②	「古い」	（形1）	旧的，老的
へいき◯	「平気」	（形2）	不在乎，冷静
へた②	「下手」	（形2）	笨拙
べつ◯	「別」	（名.形2）	区别；另外
へん①	「変」	（形2）	奇怪
べんり①	「便利」	（形2）	便利，方便
*ほがらか②	「朗らか」	（形2）	晴朗；快活
ほしい②	「欲しい」	（形1）	想要
ほそい②	「細い」	（形1）	细长
まじめ◯	「真面目」	（形2）	认真
まずい②		（形1）	难吃
まずしい③	「貧しい」	（形1）	贫穷的
まるい◯	「丸い」	（形1）	圆的
みごと①	「見事」	（名.形2）	漂亮；精彩；完全
みじかい③	「短い」	（形1）	短的；短暂的
むしあつい④	「蒸し暑い」	（形1）	闷热的
むずかしい◯	「難しい」	（形1）	困难
むだ◯	「無駄」	（名.形2）	浪费
むり①	「無理」	（名.形2.副）	勉强；无理
めずらしい④	「珍しい」	（形1）	稀奇少见
めでたい③		（形1）	值得庆贺的
*ものすごい④		（形1）	可怕的
やかましい④	「喧しい」	（形1）	喧闹
やさしい◯	「易しい」	（形1）	容易
やさしい◯	「優しい」	（形1）	和蔼，善良
やすい②	「安い」	（形1）	便宜
やわらかい④	「柔らかい」	（形1）	柔软，柔和
ゆうめい◯	「有名」	（形2）	有名
ゆかい①	「愉快」	（形2）	愉快

ゆたか①	「豊か」	（形2）	丰富，富裕
ゆるい②	「緩い」	（形1）	松；缓慢
*ゆるやか②	「緩やか」	（形2）	缓和；舒畅
よろしい〇		（形1）	好，没关系
よわい②	「弱い」	（形1）	弱；不擅长
らく②	「楽」	（形2）	轻松，舒服
りこう〇	「利口」	（形2）	聪明；机灵
りっぱ〇	「立派」	（形2）	漂亮，出色
わかい②	「若い」	（形1）	年轻的
わがまま③		（名.形2）	任性
わるい②	「悪い」	（形1）	不好，坏的

副詞

ああ〇		（副）	那样地
あまり〇		（副）	（不）太,（不）很
あるいは②		（副）	或者，说不定
いかが②		（副）	怎么样
いくつ①		（名.副）	几个，多少
いくら①		（名.副）	多少钱
いちばん〇	「一番」	（副）	最，顶
いつ①		（名.副）	什么时候
いっしょに〇	「一緒に」	（副）	一起
いっしょうけんめい⑤	「一生懸命」	（副）	拼命，努力
いっそう〇		（副）	越发，更加
*いったい〇		（副）	到底
*いつのまにか①	「いつの間にか」	（副）	不知不觉地
いっぱい〇		（副）	满
いっぱん〇	「一般」	（名.副）	一般，普通
いつまでも①		（副）	永远
いつも①		（副）	总是
*いよいよ②		（副）	终于；更
いろいろ〇	「色々」	（形2.副）	各种各样
*おおいに①	「大いに」	（副）	大，很

おおぜい③	「大勢」	（副）	很多人
*おそらく②		（副）	恐怕
おもに①	「主に」	（副）	主要的
*おもわず②	「思わず」	（副）	不由得
およそ〇		（名.副）	大概
かえって①	「返って」	（副）	相反的
がっかり③		（副.动3自）	失望
かならず〇	「必ず」	（副）	必然，必定
かなり①		（副）	非常，想当
きちんと②		（副）	恰当；整齐
きっと〇		（副）	一定
きわめて②	「極めて」	（副）	极，非常
けっきょく〇	「結局」	（名.副）	归根到底，结果
けっして〇	「決して」	（副）	决（不）
けっこう〇		（副）	很好，足够
こう〇		（副）	这样地
さいわい〇	「幸い」	（副）	幸运地
さっき①		（副）	刚才
さきほど〇		（副）	刚才
さっそく〇		（副）	立刻，马上
さっぱり③		（副.动3自）	完全；干净；爽快；痛快
さまざま②		（副）	各种各样
しっかり③		（副.动3自）	结实；坚定；停住
じっと〇		（副.动3自）	目不转睛地；一动不动地
しばらく②		（副）	一会儿
ずいぶん①		（副）	很久
すぐ①		（副）	很快
すこし②	「少し」	（副）	一点儿
*すこしも②	「少しも」	（副）	一点儿（也不）
すっかり③		（副）	完全
ずっと〇		（副）	一直；~得多
すべて①		（副）	全部
すらすら①		（副）	流利
せっかく〇		（副）	难得；特意

ぜったい◎	「絶対」	（副）	绝对
ぜひ①		（副）	一定
ぜんぜん◎	「全然」	（副）	完全不
ぜんぶ①	「全部」	（副）	全部
ぜんぶで①	「全部で」	（副）	总共，加一起，全部
そう◎		（副）	那样地
*そっと◎		（副）	悄悄地
*そのうち◎		（副）	一会儿；改日
そのまま◎		（副）	就那样不动
それぞれ②		（名.副）	分别，各自
それほど◎		（副）	那样
そろそろ①		（副）	就快要
だいたい◎		（副）	大体上，大致
たいてい◎		（副）	大抵，差不多
だいぶ◎		（副）	很，相当
たいへん◎		（副）	非常
*たえず①	「絶えず」	（副）	不断
たくさん◎		（副）	很多
ただ①		（副）	只，仅仅；不过
たちまち◎		（副）	一会儿，突然
たった◎		（副）	只
たとえ◎		（副）	即使
たぶん①		（副）	大概
たまに◎		（副）	偶尔
だんだん◎		（副）	渐渐
*ちかごろ②	「近頃」	（名.副）	近些天
*ちっとも③		（副）	一点也（不）
ちゃんと◎		（副）	好好地；端正；整齐；准确
ちょうど◎		（副）	刚好
ちょっと①		（副）	有点儿
*つい①		（副）	无意中
ついでに◎		（副）	顺便
ついに①		（副）	终于
つぎつぎ◎		（副）	接连不断；相继；按次序地

つねに①	「常に」	（副）	经常
できるだけ〇		（副）	尽量
どう①		（副）	怎么样
どうか①		（副）	请
どうして①		（副）	为什么
とうぜん〇	「当然」	（副.形2）	当然
どうぞ①		（副）	请
とうとう①		（副）	终于
ときどき〇	「時々」	（副）	有时
*どきどき①		（副）	心噗动噗动
*ときに②		（副）	偶尔
とくに①	「特に」	（副）	特别
とつぜん〇	「突然」	（副）	突然
とても〇		（副）	很，非常
とにかく①		（副）	总之，不管怎样
ともに〇 ①	「共に」	（副）	共同，同时
どんどん①		（副）	不断地；顺利地
なお①		（副.连）	仍然；另外
なかなか〇		（副）	想当，很；怎么也……
なぜ①		（副）	为什么
なるべく〇		（副）	尽可能
なるほど〇		（副）	原来如此
*なんだか①		（副）	总觉得
*なんと①		（副）	多么
なんとか①	「何とか」	（副）	想方设法；这个那个；勉强
なんとなく④		（副）	总觉得，不由得；无意中
*にこにこ①		（副）	笑嘻嘻
はじめて②	「初めて」	（副）	初次
はっきり③		（副）	清楚，明确
ばらばら①		（副.动3自）	分散，七零八落
*ひさしぶり〇	「久しぶり」	（副）	时隔；好久；久违
ひじょうに④	「非常に」	（副）	非常，很
ふたたび〇	「再び」	（副）	再，又，重
ふだん①	「普段」	（名.副）	平常，日常

ふつう⓪	「普通」	（名.副）	一般，普通
*べつに⓪	「別に」	（副）	另外，除此之外，特别
ほとんど②		（副）	几乎
ほんとうに⓪	「本当に」	（副.形2）	实在，的确
まあまあ①		（副）	还可以，还凑合
まえもって③	「前もって」	（副）	预先，事先
*まことに⓪		（副）	真，实在，的确
*まさか①		（副）	焉能，不至于，莫非
まず①		（副）	首先
ますます		（副）	越来越，更加
また⓪		（副.连）	又，再，也；并且，同时
まだ①		（副）	还，未，尚
まだまだ①		（副）	还，仍，尚，未，再
まっすぐ③		（副）	直，笔直
まったく⓪		（副）	完全，简直
まもなく②		（副）	不久，一会儿，不大功夫
まるで⓪		（副）	宛如，完全
めったに①		（副）	几乎，马上；再
もう①		（副）	已经；马上，再
もし①		（副）	要是，如果
もちろん②		（副）	当然，不必说
もっと①		（副）	更，更加
もっとも③	「最も」	（副）	最
やがて⓪		（副）	不久
やく①	「約」	（副）	大约，大体
やっと⓪		（副）	好不容易，总算；终于；勉强
やはり②/やっぱり③		（副）	仍然，也，毕竟
ゆっくり③		（副）	慢慢，不着急
ようやく⓪		（副）	好不然以，勉强
よく①		（副）	常常
よほど⓪		（副）	很，相当
*わざと①		（副）	故意的
*わざわざ①		（副）	特意，故意的
わずか①		（副.形2）	一点点，仅仅；稍微，略微

| わりあい○ | 「割合」 | （名.副） | 比例；比较地 |

連詞

あるいは②		（連）	或，或者
および○	「及び」	（連）	及，以及
けれども①		（連）	可是，但是
こうして○		（連）	这样，如此
さて①		（連）	那么，且说
しかし②		（連）	可是
しかも②		（連）	并且，从而
したがって○	「従って」	（連）	因此，从此
じつは②	「実は」	（連）	说实在的，实际上，其实
すなわち②		（連）	即，既是
すると○		（連）	于是，这么一来
そこで○		（連）	因此，所以
そして○		（連）	并且，然后
*そのうえ○		（連）	而且，并且，加之
*そのかわり○	「その代り」	（連）	代替，另一方面，但是
それから○		（連）	然后，还有
それで○		（連）	因此
それでは③		（連）	那么
*それでも③		（連）	尽管如此，可是
それとも③		（連）	还是，或者
*それなのに③		（連）	尽管……可是，虽然那样
それに○		（連）	而且，还有，虽然那样
だから①		（連）	因此，所以
たとえば②	「例えば」	（連）	例如
つまり①		（連）	即，就是说
*では①		（連）	那么
でも①		（連）	但是，可是
ところが③		（連）	但是，可是
ところで③		（連）	用于转移话题
または②		（連）	或，或者

詞綴

～い	「～位」	（后缀）	名次
*うる	「～得る」	（后缀）	……可能，能够
えん①	「円」	（名.后缀）	圆，圆圈，日元
お		（后缀）	表示尊重，礼貌
かい	「～回」	（后缀）	……回，……次
かい	「～階」	（后缀）	……层
がかり	「～係」	（后缀）	……负责人，……的人
*かける	「～掛ける」	（后缀）	……就要，……开始；……完了
かた	「～方」	（后缀）	……方法，……法
がち		（后缀）	常常，往往
*がる		（后缀）	感觉，觉得
*がわ	「～側」	（后缀）	……侧，……方面，……遍
かん	「～間」	（后缀）	表示时间；区间
ぎょう	「～行」	（后缀）	……行
くみ	「～組」	（后缀）	……组，……班
くん	「～君」	（后缀）	对同辈、晚辈男子的称呼
けん	「～軒」	（后缀）	表示房屋数量
げん	「～元」	（后缀）	（货币）元
こ	「～個」	（后缀）	……个
ご		（后缀）	表示尊重
ご	「～語」	（后缀）	……语
ご	「～後」	（后缀）	……后，……之后
*ごう	「～号」	（后缀）	……号
ごと（に）		（后缀）	每……
ころ/ごろ		（名.后缀）	时候，时期
さま	「～様」	（后缀）	表示尊敬
さん		（后缀）	用于亲切的敬称
じ	「～時」	（后缀）	……时，……点
しき②	「式」	（名.后缀）	仪式，样式
*じゅう	「～中」	（后缀）	全……，整个……
じん	「～人」	（后缀）	……人

*すぎ	「～過ぎ」	（后缀）	超过，过度
すぎる	「～過ぎる」	（后缀）	过度，过分，过多
ずつ		（后缀）	每，各
*せい	「～製」	（后缀）	……制造
だい	「第～」	（后缀）	第……
*だす	「～だす」	（后缀）	开始，……起来
たち		（后缀）	……们
たば	「束」	（后缀）	把，束，捆
*だらけ		（后缀）	满是，尽是
ちゃん		（后缀）	表示亲切的称呼
ちゅう	「～中」	（后缀）	中，里边；（时间）中，正在
ど	「～度」	（后缀）	（温度，体温）度
ど	「～度」	（后缀）	……回，……次
どうし	「同士」	（名.后缀）	彼此之间
とおり/どおり		（后缀）	照样，……样
*とも		（后缀）	（表示复数，谦虚）们
にくい		（后缀）	难以……，不好……
はい	「～杯」	（后缀）	……杯
ばい	「～倍」	（后缀）	……倍
はじめる	「～始める」	（后缀）	开始……
はん	「～半」	（后缀）	……半
びょう	「秒」	（后缀）	秒
ふ（ぶ）	「不/無」	（前缀）	不……，无……
ふん	「～分」	（后缀）	……分
ほん	「～本」	（后缀）	……根，……条
まい	「～毎」	（前缀）	每……
*まっ	「真～」	（前缀）	真……，正……
*むき	「向き」	（后缀）	朝向；适合，合乎
や	「～屋」	（后缀）	……店
やすい		（后缀）	容易……
よう	「～用」	（后缀）	……用
*～ら		（后缀）	……们

連体詞

*あらゆる③		（連体）	所有，一切
ある①		（連体）	某（个）
*いろんな〇		（連体）	各种各样的
おおきに①	「大きに」	（連体）	大的
おもな①	「主な」	（連体）	主要的
*たいした①		（連体）	非常了不起；（下接否定）没什么了不起的，不值一提
ちいさな①	「小さな」	（連体）	小的

感嘆詞

ああ〇	（感）	啊，呀，唉，咳
*いいえ③	（感）	不，不是，没有
ええ〇	（感）	对，恩
もしもし①	（感）	喂
ねえ①	（感）	喂，我说啊
ほら①	（感）	快看
わわ〇	（感）	哇

主要国家名

アメリカ/美国	イギリス/英国
イスラエル/以色列	インド/印度
インドネシア/印度尼西亚	オーストラリア/澳大利亚
カナダ/加拿大	シンガポール/新加坡
スペイン/西班牙	タイ/泰国
インド/印度	トルコ/土耳其
ニュージーランド/新西兰	パキスタン/巴基斯坦
フィリピン/菲律宾	ブラジル/巴西
フランス/法国	ベトナム/越南
ポルトガル/葡萄牙	マレーシア/马来西亚
モンゴル/蒙古	ロシア/俄罗斯
韓国/韩国	朝鮮/朝鲜

北海道（ほっかいどう）　　　　本州（ほんしゅう）

四国（しこく）　　　　　　　　九州（きゅうしゅう）

東京（とうきょう）　　　　　　大阪（おおさか）

横浜（よこはま）　　　　　　　名古屋（なごや）

京都（きょうと）　　　　　　　神戸（こうべ）

奈良（なら）　　　　　　　　　広島（ひろしま）

福岡（ふくおか）　　　　　　　おきなわ（沖縄）

外来語の練習

1. 最近（　　）の悪い人が増えてきました。

　　A．レベル　　　　　B．テーマ　　　　　C．データー　　　　D．マナー

2. このホテルは（　　）はよいので、お客は満足しているようです。

　　A．サービス　　　　B．ポスト　　　　　C．リズム　　　　　D．スピード

3. テレビで新しく始まった（　　）には、有名な俳優が出ています。

　　A．レベル　　　　　B．スピード　　　　C．ポケット　　　　D．ドラマ

4. 今年文学賞をもらった莫言に、新聞記者が（　　）をして記事を書きました。

　　A．インターネット　　　　　　　　B．スケジュール

　　C．インタビュー　　　　　　　　　D．ハイキング

5. 車に（　　）を入れなければなりません。

　　A．アンケート　　　B．ガソリン　　　　C．バス　　　　　　D．セーター

6. 旅行の写真を（　　）に貼りました。

　　A．グループ　　　　B．アルバム　　　　C．カメラ　　　　　D．カレンダー

7. 昨日山田さんと（　　）で、食事しました。

　　A．ビル　　　　　　B．ポスト　　　　　C．レストラン　　　D．スーパー

8. いつか（　　）へ行ってみたいです。

　　A．ビザ　　　　　　B．アメリカ　　　　C．エンジン　　　　D．リサイクル

9. 甲：このごろ元気がないですね。病気ですか。

　　乙：いや、（　　）がたまっているからでしょう。

　　A．スタート　　　　B．ストレス　　　　C．スケート　　　　D．アイデア

10. 休みになると、李さんは自然で（　　）します。

　　A．スケッチ　　　　B．スタート　　　　C．スケート　　　　D．スタンド

11. 田中さんの趣味は（　　）をすることです。
　　　A．バレーボールB．カメラ　　　　　C．タクシー　　　　　D．ニュース
12. 高田さんは（　　）をしながら、大学に通っています。
　　　A．オートバイ　B．デパート　　　　　C．アルバイト　　　D．カレンダー
13. お荷物は駅の（　　）に入れましょう。
　　　A．ロビー　　　　B．ローラースケートC．ロッカー　　　　D．ハンドブック
14. 寒くなったら（　　）を付けてください
　　　A．スリッパ　　　B．コート　　　　　C．テレビ　　　　　D．ストーブ
15. 集めた（　　）をコンピューターに入れておきました。
　　　A．ガイド　　　　B．ティッシュ　　　C．データ　　　　　D．マナー
16. 花子ちゃんは白いスカートと（　　）を穿いてます。
　　　A．シンボル　　　B．ハンカチ　　　　C．サンダル　　　　D．オープン
17. では、この書類を（　　）してください。
　　　A．ビル　　　　　B．ビール　　　　　C．コピー　　　　　D．コーヒー
18. 両国の貿易額の（　　）が崩れないように話し合いました。
　　　A．レベル　　　　B．リズム　　　　　C．バランス　　　　D．ストップ
19. 家の中に入ると、すぐ（　　）を入れます。
　　　A．スイッチ　　　B．スリッパ　　　　C．センテンス　　　D．スタンド
20. 小学生のころは新聞や雑誌に記事を書く（　　）に憧れていました。
　　　A．エンジン　　　B．クーラー　　　　C．ジャーナリストD．アドバイス
21. 街でテレビ局の人に（　　）されました。
　　　A．チャンネル　　B．エンジン　　　　C．アナウンサー　　D．インタビュー
22. 日光に行った時、地元に住んでいる友達に（　　）してもらいました。
　　　A．ガイド　　　　B．テスト　　　　　C．サイズ　　　　　D．オープン
23. どうすれば、効率よく日本語を（　　）できるのでしょうか。
　　　A．ビジネス　　　B．マスター　　　　C．ブレーキ　　　　D．デザイン
24. 大好きな歌手の（　　）を買ってもらいました。
　　　A．ポスター　　　B．ポスト　　　　　C．アニメ　　　　　D．リズム
25. 李さんは日本語弁論大会の学校代表に選ばれて（　　）をすることになりました。
　　　A．スタート　　　B．スピーチ　　　　C．スケッチ　　　　D．スピード
26. 靴の売り場は4階でございます。その（　　）をご利用ください。
　　　A．シーズン　　　B．チョーク　　　　C．メール　　　　　D．エスカレーター

27. 論文の資料を集めるために、1000人に（　　）調査をしました。

    A．アドバイス　　B．パーセント　　　　C．メール　　　　　　D．アンケート

28. 私は毎日（　　）でニュースを聞きます。

    A．セーター　　　　B．アニメ　　　　　　C．ラジオ　　　　　　D．ビデオ

29.（　　）が揃ったら、すぐに出発してください。

    A．キャンパス　　B．ナンバー　　　　　C．メンバー　　　　　D．エネルギー

30. 白い（　　）を着ている彼女はまるで白衣天使みたいに見えます。

    A．サンダル　　　　B．ズボン　　　　　　C．スリッパ　　　　　D．ワンピース

31. 新しい（　　）を2台買いました。

    A．コック　　　　　B．クレジットカード C．スプーン　　　　　D．パソコン

32. あなたの日本語の（　　）はどのぐらいですか。

    A．ドル　　　　　　B．ベル　　　　　　　C．レベル　　　　　　D．ゴール

33. 駅前の（　　）は食料品が安いです。

    A．イベント　　　　B．スーパー　　　　　C．サラリーマン　　D．アイスクリーム

34. 新しい＿＿＿＿の音はどうですか。

    A．クリック　　　　B．テーブル　　　　　C．ステレオ　　　　　D．バケツ

35. お酒に弱いので、いつも（　　）を飲みます。

    A．ケーキ　　　　　B．パン　　　　　　　C．ジュース　　　　　D．テイハク

36. ビルの（　　）で、まっすぐ屋上まで上がりました。

    A．ドア　　　　　　B．エレベーター　　　C．カレンダー　　　D．パーセント

37. このシャツは（　　）がぜんぜん付いていないので、着やすいです。

    A．カーテン　　　　B．ネクタイ　　　　　C．ボタン　　　　　　D．ズボン

38. 一日（　　）を3杯飲みます。

    A．ジャム　　　　　B．コーヒー　　　　　C．ビデオ　　　　　　D．ハム

39.（　　）で洋服を買ってもらうつもりです。

    A．アパート　　　　B．デパート　　　　　C．ボート　　　　　　D．スケート

40. 一般的に「忘れる」ということにはマイナスの（　　）が付いています。

    A．ハンドル　　　　B．エネルギー　　　　C．リサイクル　　　D．イメージ

41. 太陽（　　）を利用した発電が研究されています。

    A．ガス　　　　　　B．ハンカチ　　　　　C．エネルギー　　　D．パスポート

42. あのビルの工事は（　　）してから、もう3年経ちました。

    A．ゲーム　　　　　B．コース　　　　　　C．スタート　　　　　D．ゴール

43. 私の生まれた村が、全部大きい（　　）の下に沈んでしまいました。

    A．パス　　　　　　B．ダム　　　　　　　C．ガム　　　　　　　D．ドル

44. 以前から海外で働きたいと思っていたが、やっとその（　　）がやってきました。

    A．ダンス   B．チャンス   C．ホーム   D．マスター

45. 今朝は気温が（　　）になって氷になりました。

    A．プラス   B．マイナス   C．ヘリコプターD．プリント

46. 日本語の学校にはいろいろな（　　）があります。

    A．クラス   B．プール   C．ホーム   D．ノック

47. だんだん寒くなってきました。スキーの（　　）になりました。

    A．シーズン   B．カレンダー   C．ブレーキ   D．メンバー

48. こちらに（　　）をお願いします。

    A．サンダル   B．サイン   C．イメージ   D．インク

49. 速い（　　）でしゃべっているので、なかなか聞き取れませんでした。

    A．スピーチ   B．スタート   C．ロボット   D．スピード

50. 野球の試合で、観客が（　　）から飛び降りました。

    A．グラウンド   B．リーダー   C．コース   D．リズム

名詞の練習

1. 仕事が忙しくて、食事をする（　　）もありません。

    A．ひま   B．とき   C．さかい   D．ひかり

2. 今日の課長、（　　）が悪そうだから、叱られないように気を付けよう。

    A．機嫌   B．気持ち   C．気分   D．精神

3. 使い方を間違えると、機械が壊れる（　　）があります。

    A．わけ   B．傾向   C．恐れ   D．ほこり

4. 病気で入院したのを（　　）に、タバコをやめることにしました。

    A．きっかけ   B．はじめ   C．おかげ   D．中心

5. 機械を使った（　　）は危険だから、注意してください。

    A．動作   B．作業   C．作用   D．作品

6. その会議に（　　）するために午前の飛行機に乗らなければなりません。

    A．出席   B．失敗   C．準備   D．紹介

7. 日本では春、夏、秋、冬四つの（　　）があります。

    A．天気   B．気分   C．気温   D．季節

8. 父は東京へ行くといつも（　　）を買ってくれます。

    A．お見舞い   B．お礼   C．お土産   D．お祝い

9. この学校の（　　）では学生は教室の掃除をしなければなりません。

    A. りゆう   B. きそく   C. ほうりつ   D. しゅうかん

10. （　　）があったらまた日本へ行きたいです。

    A. りゆう   B. ばあい   C. きかい   D. げんいん

11. 道を教えてもらったので（　　）を言いました。

    A. おれい   B. おかげ   C. おいわい   D. おだいじに

12. 明日勉強する漢字を（　　）しておいてください。

    A. けいけん   B. よしゅう   C. はんたい   D. ふくしゅう

13. 環境保護に（　　）を持つ人が増えています。

    A. 趣味   B. 心配   C. 気分   D. 関心

14. その（　　）では、あのレストランには入れません。

    A. 外側   B. 格好   C. 表面   D. 景気

15. あの医者は（　　）がいいと評判です。

    A. 手   B. 腕   C. 指   D. 足

16. この仕事は専門的な（　　）が必要です。

    A. 条件   B. 常識   C. 性質   D. 知識

17. 試験の点数は結果に過ぎないと思うが、やはり（　　）してしまいます。

    A. 意志   B. 意味   C. 意見   D. 意識

18. 今の体験は将来の（　　）になります。

    A. 成功   B. 役   C. ため   D. 利益

19. 彼女は美人で優しく、みんなの（　　）がいいです。

    A. 値段   B. 評判   C. 人気   D. 判断

20. 風邪をひかないように、（　　）を付けてください。

    A. 心   B. 気   C. 首   D. 体

21. 7時にレストランを（　　）しております。

    A. ごちそう   B. よしゅう   C. 約束   D. よやく

22. こちらにいらっしゃる（　　）があったら、ぜひお寄りください。

    A. きかい   B. きそく   C. きぶん   D. きんじょ

23. 昨日は母の誕生日だったので、（　　）に靴をあげました。

    A. あいさつ   B. おいわい   C. おまつり   D. おみまい

24. （　　）しないで、どうぞたくさん食べてください。

    A. しつれい   B. いっぱい   C. えんりょ   D. はんたい

25. この情報がなかったら、間違った（　　）をしたかもしれません。

    A. 評判   B. 判断   C. 結果   D. 相談

26. （　　　）に入って暖まりました。
　　　A．れいぞうこ　　B．ふろ　　　　　　C．みず　　　　　　D．だいがく
27. テレビで明日の天気（　　　）を見ました。
　　　A．よてい　　　　B．よやく　　　　　C．よほう　　　　　D．よゆう
28. （　　　）を伸ばすのはやめてください。あなたに似合いませんよ。
　　　A．ひげ　　　　　B．ゆび　　　　　　C．むね　　　　　　D．ほね
29. （　　　）には東京に通う人たちがたくさん住んでいます。
　　　A．こうがい　　　B．いなか　　　　　C．じんこう　　　　D．やま
30. 今警察で交通事故の（　　　）を調べているそうです。
　　　A．こしょう　　　B．りゆう　　　　　C．げんいん　　　　D．きっかけ
31. 大事なものは机の（　　　）の中に入れてください。
　　　A．たな　　　　　B．ひきだし　　　　C．かがみ　　　　　D．おもいで
32. 靴を履かないで、（　　　）のすなのうえを歩きました。
　　　A．やま　　　　　B．みなと　　　　　C．みずうみ　　　　D．かいがん
33. 国際会議の会場の受付に（　　　）人がいました。
　　　A．あんない　　　B．しょうたい　　　C．しょうかい　　　D．ほんやく
34. ホテルの窓から見た（　　　）がとてもすばらしかったです。
　　　A．きせつ　　　　B．くうき　　　　　C．はなみ　　　　　D．けしき
35. 父はいろいろな品物を輸出する（　　　）の仕事をしています。
　　　A．ぼうえき　　　B．いしゃ　　　　　C．せんぱい　　　　D．しゅみ
36. 会社が飛行機を直す（　　　）を持っている人を見付けています。
　　　A．きそく　　　　B．きょうみ　　　　C．ぎじゅつ　　　　D．しゅみ
37. テレビの（　　　）がおかしいので、修理に出しました。
　　　A．じゅんび　　　B．つごう　　　　　C．ぐあい　　　　　D．きぶん
38. 日本の（　　　）にもうすっかり慣れたようですね。
　　　A．くうき　　　　B．ふんか　　　　　C．しゅんかん　　　D．きかい
39. （　　　）に写真を撮りましょう。
　　　A．ここ　　　　　B．きねん　　　　　C．みんな　　　　　D．りょこう
40. はやく田中さんに（　　　）を掛けてください。
　　　A．おかね　　　　B．でんわ　　　　　C．ふく　　　　　　D．めがね

動詞の練習（一）

1. 優れたスポーツ選手になるには、まず基礎体力を（　　　）ことです。
　　　A．求める　　　　B．尽くす　　　　　C．養う　　　　　　D．学ぶ

2. 郵便局へ行くなら、この手紙をポストに（　　）ください。
 A. 届いて　　　　B. 入れて　　　　　C. 置いて　　　　　D. 入って
3. ビールは冷蔵庫に入れて（　　）あります。
 A. 冷たく　　　　B. 冷えて　　　　　C. 冷やして　　　　D. 涼しく
4. 今日はうまくいかなくても明日は成功して（　　）わ。
 A. 見える　　　　B. 見せよう　　　　C. 見られる　　　　D. 見せる
5. 引越しして一ヶ月経って、最近やっと（　　）きました。
 A. おもいやって　B. おちついて　　　C. おもいきって　　D. おもいだして
6. 棚の上に（　　）あるものは、今使わないものばかりです。
 A. とって　　　　B. のって　　　　　C. もって　　　　　D. のせて
7. 目を閉じて一本足で立ってバランスを（　　）のは難しいです。
 A. うける　　　　B. かける　　　　　C. する　　　　　　D. とる
8. お父様に、あさっての午前11時に伺うと（　　）ください。
 A. お配り　　　　B. お伝え　　　　　C. お渡し　　　　　D. お届け
9. 「さようなら」と言って、電話を（　　）。
 A. しった　　　　B. きいた　　　　　C. もった　　　　　D. きった
10. 階段で前の人を（　　）のは危ないので、やめてください。
 A. 押す　　　　　B. 引く　　　　　　C. 放す　　　　　　D. 押さえる
11. 姉が結婚すると聞いて、父はとても（　　）。
 A. めぐまれた　　B. あこがれた　　　C. たすかった　　　D. よろこんだ
12. 旅館の部屋が一つだけ（　　）いました。
 A. あけて　　　　B. しまって　　　　C. ひらいて　　　　D. あいて
13. いい仕事が（　　）そうですが、おめでとうございます。
 A. 見つけた　　　B. 見つかった　　　C. 見送った　　　　D. 見直した
14. 歯が悪くて病院に、これから二ヶ月も（　　）なければなりません。
 A. 通わ　　　　　B. 通さ　　　　　　C. 通ら　　　　　　D. 通じ
15. 子供にいい名前を（　　）ために、私はどれだけ辞書を調べたか分かりません。
 A. こむ　　　　　B. だす　　　　　　C. つく　　　　　　D. つける
16. よく（　　）薬というものはたいてい苦いです。
 A. 効く　　　　　B. 治る　　　　　　C. 直す　　　　　　D. 修理する
17. ここにごみを（　　）てはいけませんよ。
 A. なげ　　　　　B. なぐっ　　　　　C. すて　　　　　　D. ひとっ
18. 人間はみな、自由と平和を（　　）。
 A. まとめている　　　　　　　　　　B. もとめている

C．あつめている　　　　　　　　D．はじめている

19．相づちを（　　　）ながら、話し合うのが自然です。

　　A．入れ　　　　　B．言い　　　　　　C．混ぜて　　　　　D．打ち

20．お茶を（　　　）ましたから、どうぞめしあがってください。

　　A．でき　　　　　B．ながし　　　　　C．いれ　　　　　　D．つくり

21．使い終わったら、スイッチを（　　　）ください。

　　A．きって　　　　B．おって　　　　　C．あけて　　　　　D．とって

22．エレベーターがなかなか来なかったので、エスカレーターで（　　　）。

　　A．とびました　　B．おちました　　　C．おりました　　　D．のりました

23．汗を（　　　）ので、シャワーを浴びました。

　　A．でた　　　　　B．だした　　　　　C．かいた　　　　　D．かわいた

24．王さんのお兄さんは旅行会社に（　　　）います。

　　A．勤めて　　　　B．働いて　　　　　C．仕事して　　　　D．労働して

25．この小包を航空便で（　　　）たいです。

　　A．おき　　　　　B．おくり　　　　　C．つくり　　　　　D．すすみ

26．李さんは病気で同窓会に参加できないので、とても（　　　）いるようです。

　　A．よろこんで　　B．ざんねんがって　C．たのしんで　　　D．ほしがって

27．課長：この製品について、また何かあったら電話をしてください。

　　王：はい。（　　　）。

　　A．承知しました　　　　　　　　　　B．かしこまりました

　　C．知ります　　　　　　　　　　　　D．知っていた

28．彼はいろいろなことを言って、仕事を（　　　）たがるんだから。

　　A．つかれ　　　　B．おこり　　　　　C．なまけ　　　　　D．だまり

29．もう10時ですね。みんなそろいましたか。それでは、クラス会を（　　　）ま
　　しょう。

　　A．終わり　　　　B．行われ　　　　　C．始め　　　　　　D．開かれ

30．店の中は静かですね。買い物客は一人も（　　　）。

　　A．います　　　　B．いません　　　　C．あります　　　　D．ありません

31．鉛筆が丸くなったので、（　　　）ましょう。

　　A．まとめ　　　　B．つなぎ　　　　　C．はかり　　　　　D．けずり

32．眼鏡を（　　　）ば、見えません。

　　A．はずせ　　　　B．かけれ　　　　　C．かけ　　　　　　D．つけ

33．どんな経験でも、将来のために（　　　）と思います。

　　A．なる　　　　　B．する　　　　　　C．できる　　　　　D．なった

34. 時間を（　　）なら、今度ぜひゆっくりお話ししましょう。
　　A．見ます　　　　B．あります　　　　　C．探します　　　　D．作ります
35. 太陽の光を（　　）、植物は生き生きと育っています。
　　A．浴びて　　　　B．差して　　　　　　C．入れて　　　　　D．掛けて
36. その時のことを友人に話してもらって、やっと先生の誤解が（　　）。
　　A．やんだ　　　　B．とけた　　　　　　C．けした　　　　　D．ぬけた
37. 今度営業部に（　　）ことになりました。
　　A．移る　　　　　B．辞める　　　　　　C．渡る　　　　　　D．過ぎる
38. すみませんが、しばらくこの荷物を（　　）いただけませんか。
　　A．うけいれて　　B．とりあって　　　　C．あずかって　　　D．あたえて
39. 地図を持っていたのに、道に（　　）しまいました。
　　A．まよって　　　B．がんがえて　　　　C．わすれて　　　　D．たずねて
40. 一度言ったら十分、言い（　　）かえって効果がありません。
　　A．消したら　　　B．捨てたら　　　　　C．過ぎたら　　　　D．出したら
41. この家から富士山を（　　）ことができます。
　　A．みえる　　　　B．のぞく　　　　　　C．ながめる　　　　D．みつける
42. 姉は母に顔がよく（　　）います。
　　A．あって　　　　B．にて　　　　　　　C．うつして　　　　D．つたえて
43. タバコを（　　）ほうがいいと友達に言われました。
　　A．終わった　　　B．しめた　　　　　　C．とまった　　　　D．やめた
44. シャワーを（　　）とさっぱりした気持ちになります。
　　A．入れる　　　　B．流す　　　　　　　C．受ける　　　　　D．浴びる
45. 台風で窓ガラスが（　　）危ないです。
　　A．われて　　　　B．よごれて　　　　　C．ふんで　　　　　D．おれて
46. このバスは降りるときにお金を（　　）ことになっています。
　　A．もたらす　　　B．はらう　　　　　　C．つかう　　　　　D．かむ
47. 私はジュースに（　　）。
　　A．する　　　　　B．いる　　　　　　　C．なる　　　　　　D．ある
48. 私が（　　）た切手は全部で500枚ぐらいです。
　　A．あつまっ　　　B．あつめ　　　　　　C．さがし　　　　　D．つかまえ
49. ストーブで体を（　　）ます。
　　A．あたたかく　　B．あたたまり　　　　C．あたため　　　　D．あたたかい
50. 雨が（　　）そうです。
　　A．やみ　　　　　B．やめ　　　　　　　C．とまり　　　　　D．とめ

動詞の練習（二）

1. ここに来るたびに学生の時代のことを（　　）。

　　A. なつかしい　　B. おもいきる　　　C. おもいだす　　　D. おもいやる

2. あの人はお金を（　　）まま返してくれません。

　　A. かりる　　　　B. かす　　　　　　C. かりた　　　　　D. かした

3. 誰でもテストを（　　）のは好きではありません。

　　A. 取る　　　　　B. 持つ　　　　　　C. 受ける　　　　　D. 拾う

4. 私は電気屋でテレビを（　　）もらいました。

　　A. 並んで　　　　B. 直って　　　　　C. 直して　　　　　D. 習って

5. この川の水は飲んでも（　　）か。

　　A. すみません　　B. 大丈夫　　　　　C. 間に合います　　D. できません

6. レストランに帽子を（　　）しまいました。

　　A. おちて　　　　B. かぶって　　　　C. とって　　　　　D. わすれて

7. 悪いことをしたら「ごめんなさい。」と（　　）いけませんよ。

　　A. 話さなければ　B. 思わなければ　　C. 謝らなければ　　D. 伺わなければ

8. 目が痛かったので、しばらく目を（　　）いました。

　　A. 下げて　　　　B. 閉めて　　　　　C. 閉じて　　　　　D. 止めて

9. このテープレコーダーは電池が（　　）いて、動きません。

　　A. 切れて　　　　B. 溜まって　　　　C. 止まって　　　　D. 遅れて

10. 妹は大学のサッカー部に（　　）いるらしいです。

　　A. 争って　　　　B. 憧れて　　　　　C. 現れて　　　　　D. 慌てて

11. 考えうる方法をすべて（　　）てみたが、解決しませんでした。

　　A. しめし　　　　B. さし　　　　　　C. ためし　　　　　D. けし

12. あの人は、人の話を聞かないで一人で（　　）います。

　　A. 言って　　　　B. 述べて　　　　　C. 移って　　　　　D. しゃべって

13. 急に雨が降ってきて、シャツが（　　）しまいました。

　　A. やぶれて　　　B. つぶれて　　　　C. たおれて　　　　D. ぬれて

14. 読書によって、さまざまな方面の知識が（　　）いくのは楽しいものです。

　　A. 深めて　　　　B. 求めて　　　　　C. 広めて　　　　　D. 広がって

15. ここに置いたはずなのですが、かぎが（　　）。

　　A. おちません　　B. おとしません　　C. みつけません　　D. みつかりません。

16. 病院では携帯電話のスイッチを（　　）ください。

　　A. とめて　　　　B. 閉めて　　　　　C. 切って　　　　　D. 閉じて

17. 洗濯物をベランダに（　　　）。

    A. ほす　　　　　B. くずす　　　　　　C. ならぶ　　　　　D. ながす

18. 来週からは今の仕事を（　　　）と思っています。

    A. やめよう　　　B. しめよう　　　　　C. とめよう　　　　D. やもう

19. 広州では2、3日ホテルに（　　　）予定です。

    A. 住む　　　　　B. 暮らす　　　　　　C. 泊まる　　　　　D. 生活する

20. 眼鏡を（　　　）いるのは私の父です。

    A. はいて　　　　B. かけて　　　　　　C. かぶって　　　　D. はめて

21. 日本の若者（　　　）調査によると、手紙を書かない人が増えたそうです。

    A. という　　　　B. を通す　　　　　　C. になる　　　　　D. に対して

22. 中国語、いわゆる「普通話」が中国でまだまだ（　　　）いないようです。話せ
ない上に、聞いてもわからない人が少なくありません。

    A. 広がって　　　B. 増えて　　　　　　C. 渡って　　　　　D. 高まって

23. あまりお酒を飲み過ぎると、体を（　　　）ますよ。

    A. おとし　　　　B. おち　　　　　　　C. こわし　　　　　D. こわれ

24. 読み終わった雑誌は元の場所に（　　　）ください。

    A. かえって　　　B. かりて　　　　　　C. かして　　　　　D. かえして

25. 言葉の意味が分からない時、辞書を（　　　）ください。

    A. さがして　　　B. よんで　　　　　　C. ひいて　　　　　D. きいて

26. 私は一日三回歯を（　　　）。

    A. みがきます　　B. そうじします　　C. あらいます　　D. ふきます

27. 部屋を出る時は鍵を（　　　）ください。

    A. つけて　　　　B. はめて　　　　　　C. かけて　　　　　D. うけて

28. そのころ、大学を（　　　）仕事がありませんでした。

    A. はいっても　　B. いれても　　　　C. だしても　　　D. でても

29. 会社に（　　　）ように駅から走ってきました。

    A. おこらない　　B. おくらない　　　C. おくれない　　D. まにあわない

30. 朝と夕方はたいへんですが、昼間の電車はけっこう（　　　）います。

    A. こんで　　　　B. すって　　　　　　C. さいて　　　　　D. すいて

31. 女性が働きながら、子供を（　　　）のは大変です。

    A. うまれる　　　B. いきる　　　　　　C. せいかつする　D. そだてる

32. これは私のために父が（　　　）くれたピアノです。

    A. ならんで　　　B. あげて　　　　　　C. えらんで　　　　D. ならって

33. この辺、川が安全かどうか、今（　　）います。

　　A．なおして　　　B．しらべて　　　　　C．みつけて　　　　　D．えらんで

34. 船がひどく（　　）ので、みんな気分が悪くなりました。

　　A．おれた　　　　B．まわった　　　　　C．ゆれた　　　　　　D．はしった

35. 勉強がきらいだったので、よく母に（　　）。

　　A．いじめられました　　　　　　　　　B．しかられました

　　C．ほめられました　　　　　　　　　　D．よろこばれました

36. 家に着いた時には、すっかり日が（　　）いました。

　　A．さがって　　　B．おりて　　　　　　C．くれて　　　　　　D．おれて

37. 銀行から三億円（　　）泥棒が捕まったそうです。

　　A．もらった　　　B．ひろった　　　　　C．ぬすんだ　　　　　D．だした

38. 田中さんはヤンさんに「あの方の名前を（　　）。」と聞きました。

　　A．ごぞんじですか　　　　　　　　　　B．かまいませんか

　　C．もうしますか　　　　　　　　　　　D．ございますか

39. 心が広い王先生は何度も失敗した生徒を少しも叱らず（　　）ました。

　　A．よごし　　　　B．くずし　　　　　　C．ゆるし　　　　　　D．たおし

40. どの店が安いか、値段を（　　）みてください。

　　A．うって　　　　B．まけて　　　　　　C．きめて　　　　　　D．くらべて

41. 鍋に油を引いて、肉と野菜を（　　）ます。

　　A．いため　　　　B．あたため　　　　　C．みとめ　　　　　　D．もとめ

42. 火事で家が全部（　　）しまいました。

　　A．わいて　　　　B．けして　　　　　　C．やけて　　　　　　D．こわして

43. 図書館で本を借りる人は学生証を（　　）なりません。

　　A．かさねなければ　　　　　　　　　　B．まもらなければ

　　C．あずけなければ　　　　　　　　　　D．あずからなければ

44. 公園でおじいさんが犬に（　　）たいへんだったそうです。

　　A．かまれて　　　B．ふまれて　　　　　C．やせて　　　　　　D．ふとくなって

45. 最近運動する暇がないので、（　　）います。

　　A．ふえて　　　　B．ふとって　　　　　C．やせて　　　　　　D．ふとくなって

46. 大学に合格するようにという願いを（　　）、程さんに葉書を送りました。

　　A．いれて　　　　B．はいって　　　　　C．こめて　　　　　　D．つけて

47. 彼は先生の話を聞いて、大きく（　　）ました。

　　A．うなずき　　　B．つぶやき　　　　　C．いただき　　　　　D．はげまし

48. 毎日同じ仕事ばかりで、（　　　）しまいました。
　　　A. はらって　　　B. めだって　　　　C. やめて　　　　　D. あきて
49. 火事です。急いで（　　　）ください。
　　　A. 逃がして　　　B. 逃げて　　　　　C. 走って　　　　　D. 歩いて
50. 話が分かりにくいので、もう少し例を（　　　）説明してください。
　　　A. あがって　　　B. さがって　　　　C. あげて　　　　　D. さげて

形容詞の練習

1. 隣の人に、ピアノを練習する音が（　　　）と言われました。
　　　A. すばらしい　　　B. おもしろい　　　C. やかましい　　　D. うらやましい
2. 最近痩せたのか、ズボンが少し（　　　）なりました。
　　　A. まるく　　　B. かるく　　　　C. ぬるく　　　　　D. ゆるく
3. 久しぶりに故郷に帰ったら、駅の建物が（　　　）になっていてびっくりしました。
　　　A. しんせん　　　B. じゅうよう　　　C. ゆたか　　　　D. りっぱ
4. お客様に_____な事をしないように注意してください。
　　　A. しんせつ　　　B. りっぱ　　　　C. じょうず　　　　D. しつれい
5. _____お金がないんですが、一万円でおつりをください。
　　　A. ほそい　　　B. こまかい　　　　C. すくない　　　D. たくさん
6. あの店のものは安いと聞いて、昨日初めて行って見ました。
　　　王さんの言ったとおり確かに（　　　）。
　　　A. 安いです　　　B. いいです　　　C. 高いです　　　D. おかしいです
7. 彼は口が（　　　）から、信じない方がいいです。
　　　A. まずい　　　B. はやい　　　　C. うまい　　　　D. 厚い
8. この国の（　　　）産業は農業で、とくに米作りがさかんです。
　　　A. おもな　　　B. いやな　　　　C. むだな　　　　D. らくな
9. （　　　）けれど、仕事があるから寝られません。
　　　A. すごい　　　B. ひどい　　　　C. ねむい　　　　D. かわい
10. 飲んだり食べたりして（　　　）一日でした。
　　　A. たのしい　　　B. うれしい　　　C. よろこぶ　　　D. かなしむ
11. あまり勉強しなかったので、テストの点が（　　　）です。
　　　A. 心配　　　B. 危険　　　　C. 安全　　　　D. 安心
12. 見ていられないほど人に苦しみを与えるという意味を表す言葉は（　　　）です。
　　　A. はげしい　　　B. ひどい　　　　C. すごい　　　D. おそろしい

13. どの手袋が一番値段が（　　　）。

    A．ひくいですか　　　　　　　　　　　　B．すくないですか

    C．ちいさいですか　　　　　　　　　　　D．やすいですか

14. 風邪ですね。（　　　）物を食べてください。

    A．ねるい　　　　B．あたたかい　　　　C．あつい　　　　D．すずしい

15. 母に死なれて本当に（　　　）です。

    A．うるさかったB．かなしかった　　　C．さびしかった　　D．つまらなかった

16. 私は薄いお茶より（　　　）お茶の方が好きです。

    A．つよい　　　　B．こい　　　　　　C．おもい　　　　　D．ふかい

17. 彼は顔が（　　　）から、彼に頼めばいい人を紹介してくれるだろう。

    A．大きい　　　　B．太い　　　　　　C．多い　　　　　　D．広い

18. 彼の意見は問題点を（　　　）指摘しています。

    A．貧しく　　　　B．親しく　　　　　C．鈍く　　　　　　D．鋭い

19. 近所で火事があったが、その家の人たちは幸い（　　　）でした。

    A．安定　　　　　B．用事　　　　　　C．無事　　　　　　D．不足

20. 彼女は口が（　　　）から、秘密を話しても大丈夫です。

    A．かたい　　　　B．はやい　　　　　C．おそい　　　　　D．ひとしい

21. 子供は熱を出すし、冷蔵庫は壊れるし、先週は本当に（　　　）目に遭いました。

    A．おしい　　　　B．まずい　　　　　C．ゆるい　　　　　D．ひどい

22. 私は子供のとき父が病気になり、生活は（　　　）が、母が働いて、私を大学
まで行かせてください。

    A．寂しかった　　B．苦しかった　　　C．不便だった　　　D．可愛そうだった

23. 外の車の音がとても（　　　）ので、眠れませんでした。

    A．にぎやかだった　　　　　　　　　　B．おかしかった

    C．うるさかった　　　　　　　　　　　D．かるかった

24. 彼は自分でもよく勉強しているので、いつも先生に（　　　）質問をします。

    A．たかい　　　　B．うすい　　　　　C．おかしい　　　　D．するどい

25. 応援していたチームが負けてしまい、（　　　）。

    A．くやしかったB．はげしかった　　　C．まずしかった　　D．くわしかった

26. スープが（　　　）時は、塩を少し入れる時いいです。

    A．うすい　　　　B．ゆるい　　　　　C．こい　　　　　　D．ぬるい

27. こんなに大きいベッドは、私の（　　　）部屋には置けません。

    A．きびしい　　　B．せまい　　　　　C．うるさい　　　　D．きたない

28. この手紙は（　　　）書いてあるから、外国人にとっては分かりやすいです。
　　A．みじかく　　　B．くわしく　　　　　C．やさしく　　　　D．ながく
29. あの事故は彼のせいだということが、誰の目にも（　　　）なりました。
　　A．明らかに　　　B．絶大に　　　　　　C．確実に　　　　　D．正確に
30. 彼は目立つことが好きで、いつも（　　　）服を着ています。
　　A．じみな　　　　B．はでな　　　　　　C．あなたな　　　　D．げんきな
31. 李さんのように（　　　）ひとは誰からも好きかれだろう。
　　A．なめらかな　　B．おだやかな　　　　C．ほがらかな　　　D．わがままな
32. 田中さんは（　　　）人です。おもしろいことを言ってみんなを笑わせます。
　　A．あいまいな　　B．いだいな　　　　　C．みごとな　　　　D．ゆかいな
33. 画家の彼女の性格は（　　　）だが、作品には派手な色を使います。
　　A．簡単　　　　　B．地味　　　　　　　C．無駄　　　　　　D．自由
34. 都合が（　　　）なら、明日にしましょう。
　　A．ふべん　　　　B．わるい　　　　　　C．きらい　　　　　D．いや
35. （　　　）音がしたので、家を飛び出してみたら、トラックとバイクがぶつかって
　　てた。
　　A．つよい　　　　B．ものすごい　　　　C．ながい　　　　　D．こわい
36. 暖房を入れたので、部屋が（　　　）なりました。
　　A．あたたか　　　B．つめた　　　　　　C．さむく　　　　　D．すずしく
37. この部屋は駅に近いので（　　　）です。
　　A．にぎやか　　　B．おだやか　　　　　C．しずか　　　　　D．ゆたか
38. この薬はよく効きますが、とても（　　　）です。
　　A．くるしい　　　B．つらい　　　　　　C．にがい　　　　　D．きたない
39. 彼は何でも（　　　）にやるので、すぐ上手になるんですよ。
　　A．たいせつ　　　B．ていねい　　　　　C．ねっし　　　　　D．ひつよう
40. 彼に何をさせても（　　　）なんです。この仕事を続けるのは無理でしよう。
　　A．うるさい　　　B．いや　　　　　　　C．きらい　　　　　D．だめ